Christian August Friedrich Peters

Briefwechsel zwischen C. F. Gauss und H. C. Schumacher

Christian August Friedrich Peters

Briefwechsel zwischen C. F. Gauss und H. C. Schumacher

ISBN/EAN: 9783742811714

Hergestellt in Europa, USA, Kanada, Australien, Japan

Cover: Foto ©Andreas Hilbeck / pixelio.de

Manufactured and distributed by brebook publishing software
(www.brebook.com)

Christian August Friedrich Peters

Briefwechsel zwischen C. F. Gauss und H. C. Schumacher

Briefwechsel

zwischen

C. F. Gauss und H. C. Schumacher.

Herausgegeben

von

C. A. F. Peters.

Sechster Band.

Inhaltsverzeichniss.

Schumann an Gade.

Laufde. No.	No. d. Briefe			Seite
1238.	711.	1848,	20. September .	1
1239.	712.	—	27. October ...	2
1240.	713.	—	10. November .	4
1241.	714.	—	6. December .	7
1243.	715.	1849,	20. Februar...	13
1245.	716.	—	14. März	14
1246.	717.	—	27. März	15
1247.	718.	—	13. April.....	16
1249.	719.	—	20. April.....	19
1251.	720.	—	29. April.....	21
1252.	721.	—	13. Mai	23
1254.	722.	—	19. Mai	24
1255.	723.	—	20. Mai	26
1256.	724.	—	28. Mai	27
1257.	725.	—	16. Juli	28
1259.	726.	—	7. September	29
1261.	727.	—	28. September	38
1262.	728.	—	26. September	39
1264.	729.	—	1. October...	45
1265.	730.	—	1. November.	46
1268.	731.	—	29. November	49
1270.	732.	—	5. December .	52
1272.	733.	—	10. December .	54
1273.	734.	1850,	....	56
1275.	735.	—	10. Februar...	59
1276.	736.	—	19. Februar...	61
1278.	737.	—	20. März	68

Gade an Schumann.

Laufde. No.	No. d. Briefe			Seite
1242.	528.	1848,	23. December	9
1244.	529.	1849,	12. März	13
1248.	530.	—	17. April	17
1250.	531.	—	26. April	20
1253.	532.	—	17. Mai......	23
1258.	533.	—	14. August ..	29
1260.	534.	—	22. September	34
1263.	535.	—	28. September	41
1266.	536.	—	4. October..	46
1267.	537.	—	2. November	48
1269.	538.	—	4. December	50
1271.	539.	—	6. December	53
1274.	540.	1850,	5. Februar..	58
1277.	541.	—	22. Februar..	64
1279.	542.	—	22. März	69
1288.	543.	—	1. Juni.....	79
1290.	544.	—	6. Juni.....	81
1293.	545.	—	....	85
1295.	546.	—	24. Juni.....	88
1298.	547.	—	9. Juli	93
1301.	548.	—	18. Juli	98
1303.	549.	—	17. Juli	102
1307.	550.	—	1. September	106
1310.	551.	—	12. September	112
1312.	552.	—	27. September	117
1313.	553.	—	1. October..	122
1316.	554.	—	16. October ..	125

Laufde No.	No. d. Brief		Seite
1290.	738. 1850,	31. März	71
1281.	739. —	6. April	72
1282.	740. —	4. Mai	73
1283.	741. —	6. Mai	74
1284.	742. —	9. Mai	75
1285.	743. —	15. Mai	76
1286.	744. —	20. Mai	78
1287.	745. —	27. Mai	79
1289.	746. —	2. Juni	80
1291.	747. —	8. Juni	82
1292.	748. —	17. Juni	83
1294.	749. —	21. Juni	85
1296.	750. —	27. Juni	90
1297.	751. —	6. Juli	92

Laufde No.	No. d. Brief		Seite
1299.	752. 1850,	10. Juli	95
1300.	753. —		97
1302.	754. —	14. Juli	100
1304.	755. —	20. Juli	103
1305.	756. —	2. August	104
1306.	757. —	30. August	104
1308.	758. —	4. September	109
1309.	759. —	10. September	112
1311.	760. —	24. September	113
1314.	761. —	5. October	122
1315.	762. —	7. October	124
1317.	763. —	16. October	126
1318.	764. —	2. November	127
1319.	765. —	4. November	128

In diesen Tagen, mein theuerster Freund, wird Sie der Graf von Würtemberg, ein sehr liebenswürdiger und gut unterrichteter Mann besuchen. Sein Vater war, soviel ich weiss, ein Bruder des (vorigen?) Königs von Würtemberg, der sich mit einer Gräfin v. Tundesfeld? verheirathete, wodurch die Kinder den Prinzentitel verloren haben. Er ist mit der jüngsten Leuchtenberg verheirathet, also Schwager des Königs von Schweden.

Er besitzt bei Reutlingen das Schloss Lichtenstein, den Schauplatz eines Hauf'schen Romans, 2700 Fuss über dem Meere, von wo er die Tyroler Alpen, die Berner Alpen (80 Stunden entfernt) und die Vogesen übersieht.

Diese günstige Lage hat ihn veranlasst, viele Beobachtungen über irdische Refraction anzustellen, die er ihrem Urtheil zu unterwerfen wünscht. Wenn ich ihn recht verstanden habe, sind viele Beobachtungen darunter gegenseitige in demselben Augenblicke gemachte.

Bei uns sieht es verwirrter aus, wie fast jemals.

Ihr ewig dankbarer

H. C. Schumacher.

September 20.

N. S. Der Titel des Grafen ist Ew. Erlaucht.

Mein theuerster Freund!

Die Wittwe Bessel wünscht sehr Ihre Correspondenz mit
Bessel herauszugeben, und hat mir die Herausgabe übertragen,
(Erman wird Olbers' Correspondenz herausgeben). Sie hat mich
gebeten, Ihnen ihren lebhaftesten Dank für die Güte, dass sie
auch Bessel's Briefe dazu herzugeben geneigt sind, abzustatten.
Nach Königsberg wird sie erst in etwa 4 Wochen von Berlin
zurückkehren und mir dann die Briefe senden, es eilt also nicht
mit der Uebersendung der Bessel'schen Briefe. Mauke will den
Verlag übernehmen und mehr als 300 Thaler geben. Wieviel
mehr kann er erst bestimmen, wenn er aus Ansicht des Materials
auf die Grösse des Bandes schliessen kann. Ich glaube Ihre
und Olbers' Correspondenz werden schwerlich in einen Band
zusammengepresst werden können, und jede einen eigenen Band
verlangen, was mir auch in der Hinsicht lieb wäre, dass dann
meine und Erman's Arbeit ganz getrennt seyn würde.
Von Jacobi habe ich ein paar Worte gegen die, welche
Neptuns Entdeckung dem Zufall zuschreiben, erhalten. Es ist
nichts darin gesagt, was Le Verrier selbst nicht schon klarer
gesagt hätte, oder was nicht schon im Athenäum October 7,
No. 1098, p. 1007 (wie ich von Johnson erfahre) von de Morgan
gesagt ist, und ich konnte deshalb nicht verstehen, warum
Jacobi dringend um baldige Aufnahme bittet, bis ich vorgestern
von Weyer hörte, dass . . . in der Academie das Thema in
einer Rede berührt habe. Nach Weyer's Relation hat er freilich
in demselben Sinne, wie Jacobi gesprochen, ich vermuthe aber
doch, dass Jacobi's Aufsatz eigentlich eine Polemik gegen . . .
ist, wenn vielleicht auch nur Nebenpuncte angegriffen werden.
Bessel's Wittwe hatte mir einen Aufsatz unsers verstorbenen
Freundes über das Saturnssystem gesandt, bei dem eine von
Bessel gemachte Abschrift einer strengen Entwickelung der grossen
Ungleichheit von Jacobi lag. Ich musste natürlich erst vorfragen,
ob er den Abdruck seiner Abhandlung erlaube? was er auch

erlaubte, aber vorher das Manuscript zur Durchsicht haben
wollte. Bei Uebersendung des Artikels über Neptun kündigt er
mir nun die baldige Rücksendung seiner Arbeit an. Er hat, wie
er schreibt, nur wenige Veränderungen gemacht, ist aber dabei
wieder in die Störungs-Untersuchungen gekommen, und will sie
wieder aufnehmen.

Es kommen jetzt schnell aufeinander die 3 ersten Nummern
des 28. Bandes. Die erste heute ausgegebene enthält den Anfang von Bessel's Aufsatz. Die zweite, die in wenigen Tagen
ausgegeben wird, das Detail über die Entdeckung des 8. Saturns-
trabanten, und Zeichnungen Saturns während der Ringverschwin-
dung, die Schmidt in Bonn gemacht hat. Die 3., die auch
schon fast ganz gedruckt ist, wird Jacobi's Aufsatz enthalten.
Das Material hat sich so gehäuft, dass ich kaum durchzukommen
sehe, erstlich weil mir würklich in diesem Jahre mehr, wie jemals sonst, zugesandt ist, und zweitens weil auch die Buch-
druckergehülfen gegen die Principale aufstanden, und ein paar
Monate hindurch nicht drucken wollten. Die frühere Unterstützung zur Herausgabe habe ich dies Jahr nicht gehabt, werde
aber fortfahren, so lange ich es mit jeder Anstrengung kann.

Encke's Comet weicht diesmal bedeutend in AR von der
Ephemeride ab. Er ist hier seit längerer Zeit wegen des trüben
Wetters nicht beobachtet. Bei der letzten hiesigen Beobachtung
war die Abweichung 10 Minuten, sie soll aber nachher auf
15 Minuten gestiegen seyn. Encke selbst hat mir noch nichts
über seinen Cometen geschrieben.

Petersen hat, wie Sie sehen werden (aus dem beigelegten
Ciroular) gestern Abend wieder einen Cometen entdeckt, der wie
Sonntag behauptet, beinahe so compact, wie ein Fixstern, und
fast so gut wie ein Fixstern zu beobachten ist, was nicht ganz
mit Petersen's Beschreibung stimmt. Sonntag hat ein bedeutend
besseres Fernrohr.

In der vorvorigen Nacht hat Sonntag auch Encke's Cometen
beobachtet, die Abweichung in AR ist sehr heruntergekommen,
dagegen hat die Abweichung in Decl., die früher geringe war,
bedeutend zugenommen.

Die Abweichung (ohne Rücksicht auf Parallaxe) ist:

October 25. · in AR + 2′ 0″
in Decl. – 4 55

die Beobachtung ist:

Oct. 25.   15ʰ 22′ 54″,7   179° 83′ 7″,8   + 30° 19′ 0″,5

Jacobi hat gestern sein Manuscript zur Insertion zurückgeschickt.

Bessel's Titel war:

Berechnung der grossen Ungleichheit des Saturns
nach einer strengen Entwickelung von C. G. J. Jacobi.

Jacobi hat vorgesetzt — Versuch einer. Er hat ausser-
dem 2 Zusätze mitgesandt, die stärker als das ursprüngliche
Manuscript sind, nemlich:

1) Theil der grossen Ungleichheit welcher von $-\frac{1}{4}\frac{\ast\rho_1}{\sqrt{\rho_*^3}}$
abhängt.

2) Theil der grossen Ungleichheit welcher von der Bewegung der Sonne herrührt.

Ihr ewig dankbarer

H. C. Schumacher.

Altona, 1848. October 27,

N° 1240.   Schumacher an Gauss.   [718

Es ist merkwürdig, wie man auch gegen die drückend-
sten Sorgen abgestumpft wird. Wenn mir Jemand voraus-
gesagt hätte, dass ich fast ein ganzes Jahr hindurch nicht
wissen sollte, wovon ich im nächsten Jahre auch nur nothdürf-
tigen Unterhalt nehmen könne, so würde ich nicht das Ende
dieses Jahres erreicht zu haben glauben, und doch hat ein
ganzes kummervolles Jahr meine Gesundheit nur wenig afficirt.
Ich bin allerdings schwächer, und leide besonders an schlaflosen
Nächten, aber ich glaube nicht, dass, wer mich jetzt sieht und
vor einem Jahre gesehen hat, einen bedeutenden Unterschied
bemerken wird.

Petersen's Cometen werden wir noch lauge sehen. Eucke
bat aus Berliner Beobachtungen folgende Elemente berechnet.
(October 28, 30, November 2.)

Durchgonge-Zeit 1849, Januar 19,68270 Berlin.

Perihel...... 63° 8' 16'',7
☊ 215 2 3, 9
i........... 85 10 55, 0
log q........ 9,982056
Direct.

Mittlere Beobachtung.

Länge — 1'',8 grösste Kreis.

Breite — 2, 4

Petersen und Sonntag aus October 26, 30, November 4:

Durchgangs-Zeit 1849, Januar 20,49716 Berlin.

Perihel...... 62° 12' 34'',6 ⎫
☊ .... 214 21 26, 4 ⎬ schb. Aeq. Oct. 80.
i........... 85 40 3, 8 ⎭
log q........ 9,985116
Direct.

R—D.

in Länge + 5'',5 (im grössten Kreise.)

In Breite — 5, 6

die sehr nahe mit den Encke'schen stimmen, und vielleicht
etwas näher sind, weil sie auf Beobachtungen von 9 Tagen
sich gründen.

Es ist hier der richtige Ort des Cometen von October 26
gebraucht, Petersen hat sich im Circular versehen. Die Declination soll + 63° 8' 45'' seyn, und erleidet, wenn der Stern
genau bestimmt ist, noch eine kleine Correction.

Den Mercursdurchgang haben wir gestern beobachtet. Petersen im Meridiankreise. Meine innere
Berührung ist aber nur auf etwa 6 bis
8 Secunden sicher, weil zu starke Undula-
tionen waren. Er ging durch zwei kleine
Flecken hindurch, und bedeckte einen dritten a, es war mir
aber nicht möglich die Zeit der Bedeckung nur erträglich

genau anzugeben. Das war der letzte Durchgang den ich
sehen werde. Von einem Bekannten, Ross aus Hamburg, der aus Frank-
furt zurückgekehrt ist, und nebenbei gesagt, sehr geringe Hoff-
nungen über die Geburt eines einigen Deutschlands hegt, obgleich
er Alles in der Versammlung mitgemacht und gesehen hat, höre
ich, dass Lindenau zum grossen Erstaunen der Versammlung,
seit der letzten Zeit fast immer mit der äussersten Linken stimmt.
Hätten Sie sich das möglich gedacht?

Von Lubbock erhielt ich in der vorigen Woche ein neues
Heft seiner Störungsarbeiten. Das Siegel des Briefes, der das
Geschenk begleitet, hat eine etwas eigenthümliche Devise:

AUTOR PRÆCLARA FACIT.

Kreil ist jetzt von seiner magnetischen Reise durch Oesterreich zurückgekommen, auf der er 6 verlassene Sternwarten gefunden hat, nemlich Olmütz, Wien, Ofen, Erlau, Karlsburg und
Senftenberg. Zwei von diesen Sternwarten höre ich hier zum
erstenmale nennen, ich meine Olmütz (von Olmütz meint Petersen
komme doch einmal etwas in den A. N. vor) und Karlsburg.

Ich habe in der letzten Zeit viel in Leibnitz's und Bernouilli's Commercium epistolicum gelesen. B. scheint kein sehr
liebenswürdiger Character gewesen zu seyn. Anmaassend, recht-
haberisch, argwöhnisch muss er oft von Leibnitz zurecht gewie-
sen werden, was immer sehr gelassen geschieht. Dabei habe
ich gesehen, dass der Ausdruck Integral von Bernouilli eingeführt
ist; Leibnitz braucht summa, und scheint nicht ganz willig
Integral anzunehmen. Der Punct als Zeichen der Multiplication
ist von Leibnitz eingeführt, weil $\times$ mit x verwechselt werden
könnte. Er schlägt $A \frown B$ oder A.B für das Product von A in
B vor. Das letzte ist angenommen. Leibnitz braucht auch
Functio ganz in dem Sinne, wie es jetzt gebraucht wird, ohne
zu bemerken, dass er ein neueingeführtes Wort brauche. Sollte
es schon früher, vor 1698, gebraucht seyn? Er schlägt vor,
eine Function von x mit X zu bezeichnen, was ja auch jetzt,
wenn nur eine einzige bestimmte Function von x betrachtet
wird, noch geschieht. Die Briefe sind wie von einer freundlichen Morgenröthe, die einen schönen Tag verspricht, bestrahlt.
Beide fühlen, dass sie nur den Anfang gemacht haben, die

einzelnen Stücke eines gefundenen Schatzes aus seinem Gewölbe
zu ziehen, und sehen hoffnungsvoll dem, was es noch enthält,
entgegen, und um so hoffnungsvoller, da sie nicht einmal wissen,
wie weit das ungefüllte Gewölbe noch im Dunkeln fortlaufe.

Bernouilli hat zuerst in Gröningen Vorlesungen über Experimentalphysik gehalten, die aber dort nicht wohl aufgenommen zu seyn scheinen. Man hat ihm vorgeworfen, er trage sapientium theatralem vor. Mitunter mag die Benennung wohl nicht ganz unrichtig seyn, wenn auch keine Experimentalphysik vorgetragen wird. Mir fiel dabei Ihr verstorbener College Thibaut ein.

Ihr ewig dankbarer

H. C. Schumacher.

1848. November 10.

Schumacher an Gauss. [714

Gestern Abend habe ich, mein theuerster Freund, Ihre Briefe
au Bessel, und zugleich Olbers Briefe an ihn von der Wittwe
erhalten. Die letztern, zu denen der Senator Olbers mir noch
Bessel's Briefe an seinen Vater senden wird, sind mir überliefert
nur das ganze Manuscript der Perthes'schen Buchhandlung vorlegen und darüber, wo möglich, einen vortheilhafteren Contract,
als den von Erman in Berlin eingeleiteten, schliessen zu können.
Mit der Herausgabe der Olbers'schen Correspondenz habe ich
übrigens nichts zu thun, sie wird von Erman besorgt werden.

Laut einem Briefe von Dümmler an Erman, den die Wittwe
beigelegt hat, bietet diese Buchhandlung jetzt, nachdem sie von
den Verhandlungen hier gehört hat, 1000 Thaler Pr. für beide
Correspondenzen, und bedingt sich dafür das Recht eine Auflage
von 1000 Exemplaren machen zu dürfen. Ich glaube nicht, dass
Perthes mehr geben wird, vorzüglich da die Dümmler'sche Buchhandlung nur eine Auflage von 1000 Exemplaren in Anspruch
nimmt, also wenn diese verkauft ist, einen neuen Contract
schliessen muss.

Von Ihren Briefen habe ich ohngefähr 80 erhalten. Sie

gehen von 1804 bis 1844. Sie haben, wenn ich mich recht
erinnere, gegen 120 Briefe von Bessel, woraus es wahrscheinlich
werden könnte, dass mir nicht alle Ihre Briefe gesandt seien,
aber vielleicht haben Sie nicht jeden Brief Bessel's beantwortet.
Die Hypothese, dass Bessel nicht alle Ihre Briefe aufbewahrt
hätte, ist ganz unzulässig. Es kommt ein Brief von Ihnen vor,
in dem Sie ihm zu seiner Verheirathung gratuliren, und der
weiter nichts enthält. Auch sehe ich keinen Grund, warum die
Wittwe einige von Ihren Briefen zurückhalten sollte.

Ich, wage jetzt zu bitten mir, wenn Sie das Unternehmen
mit Bessel's Briefen an Sie unterstützen wollen, diese unfrankirt
zu senden, damit ich den Versuch ein grösseres Honorar bei
Perthes zu erhalten machen könne.

Petersen und Sonntag haben aus Oct. 26, Nov. 10, Nov. 25
folgende Elemente des zweiten Petersen'schen Cometen berechnet,
durch die die bisherigen Beobachtungen gut dargestellt werden,

Durchg.-Zt. 1849 Jan. 19,39186 Berlin
Perihel..... 63° 12′ 34″,7 $\Big\}$ m. Aeq. 1849 Jan. 1
Ω .... 215 12 0″,0
i.......... 85 3 38, 9
log q 9,9822562
Direct.

Der Comet geht danach am Ende dieses Jahres, mit einer
Entfernung von 0,02 von der Erdbahn durch seinen niedersteigenden
Knoten, und wird in der südlichen Halbkugel noch im
April 1849 gut zu beobachten seyn.

Hind kündigt die Wiedererscheinung des Cometen von 1556
innerhalb 18 Monate a dato (Ende November) sicher an, und
bittet jetzt schon danach auszusehen. Ich muss diese Prophe-
zeiung, obgleich sie mir etwas bedenklich vorkommt, abdrucken.

Hier ist noch keine Aussicht zu einer friedlichen Lösung
der Wirren, im Gegentheil verwirrt sich Alles immer mehr.

Ihr ewig dankbarer

H. C. Schumacher.

Altona, 1848. December 6.

Ich habe es bis zum Eintritt der Ferien verschieben müssen,
wo die Erfüllung des in Ihrem Briefe vom 6. December, mein
theuerster Freund, ausgesprochenen Verlangens zu denken, da
es doch nöthig schien, die Briefe, ehe ich sie aus den Händen
gäbe, wenigstens einer flüchtigen Durchsicht zu unterwerfen.
Leider nützt mir diese Verschiebung in die seit ein Paar Tagen
angefangenen Ferien nicht viel, theils weil von so vielerlei Sachen
die Erledigung bis dahin angehäuft verschoben ist, theils weil
mein Befinden und besonders heftiger catarrhalischer Kopfschmerz
mir jede ernste Beschäftigung sehr erschwert.

Ich habe die vorhandenen Briefe zur Sicherheit gegen ein
Verloren werden numerirt 1—119; die Durchsicht hat aber aus den
angeführten Gründen nur eine sehr flüchtige sein können. Gleich-
wohl sind daraus manche Bedenken hervorgangen, und ich bin
wirklich zweifelhaft geworden, ob es sich mit der Schicklichkeit
vereinigen lässt, den Briefwechsel bei meinen Lebzeiten zu pu-
bliciren. Ich will es aber theils Ihrem unbefangenen Urtheil,
theils Ihrem Zartgefühl, indem Sie sich in meine Stelle setzen,
überlassen, und schicke Ihnen die Briefe zunächst zu eigner
Durchsicht. Jedenfalls wird das Geschäft des Herausgebers,
wenn Sie die Herausgabe nach genommener Durchsicht noch für
thunlich und sich zur alleinigen Uebernahme geneigt finden, ein
viel schwierigeres und häcklicheres sein, als ich anfangs gemeint
hatte. Für alle Fälle bevorworte ich, dass ich voraussetze, das
jetzt überschickte werde wieder vollständig in meine Hände zurückkommen, entweder nachdem Sie sie (nach Bequemlichkeit)
selbst gelesen haben, falls Sie dann für besser halten von der
Publication jetzt zu abstrahiren; oder wenn Sie sich für die
Publication entscheiden, nachdem der zum Abdruck nöthige Gebrauch davon gemacht ist.

Die Erwägungen, die sich mir dargeboten haben, und denen
Sie vielleicht noch andere hinzuzusetzen finden werden, sind
folgende.

Dass die Briefe nicht pure so wie sie vorliegen gedruckt werden können, ist gar keine Frage. Mir scheint aber nothwendig,
folgende Grundsätze zu befolgen:

1) Es sind keine Abänderungen zulässig, als solche, die
bloss in einem Wegstreichen bestehen.

2) Das Wegstreichen wird manche wissenschaftliche Mittheilungen treffen müssen, jedenfalls alle solche die von
einigem Umfange sind, falls sie anderswo längst in ex-
tenso publicirt sind. Es wäre dann aber, däucht mir,
eine Pflicht gegen die Leser, dass jedesmahl nachge-
wiesen würde, wo die Publication gemacht ist. Ich
rechne dahin die Abschrift, die er mir bei dem dritten
Briefe von seiner Hülfstafel zur Reduction der elliptischen Bewegung auf die Parabolische geschickt hat, und
die schon im XII. Band der M. C. abgedruckt ist. Aehnliches gilt von vielen andern Mittheilungen, z. B. seiner
Reductionstafeln der Fixsternörter etc. Schwieriger wird
die Entscheidung bei mitgetheilten Beobachtungen sein.
Wo einzelne oder einige wenige Beobachtungen in einem
Briefe mitgetheilt werden, ist es wohl angemessener sie
stehen zu lassen, während bei langen Reihen, die auch
anderswo publicirt sind, das Streichen und Verweisen
passender scheint: aber wo soll man hier die Grenzen
setzen? Ich weiss es nicht! Ich meine dies müsse ganz
der Discretion des Herausgebers überlassen bleiben.

3) Gestrichen muss alles werden, was noch lebende Personen verletzen könnte. Auch hier dürfte das Urtheil
zuweilen schwanken, und noch mehr darin, ob und in
welchem Maasse dies auch auf Verstorbene, zum Theil
längst Vorstorbene, auszudehnen. Es ist mir Eine Stelle
in die Augen gefallen im 56. Briefe, „Legendre scheint
nur da zu seyn, um Ihnen als Folie zu dienen,“ die
Sie schon aus Zartgefühl für mich streichen müssten.

4) Mit grosser Vorsicht würde auch alles behandelt werden
müssen, was sich auf meine hiesige persönliche Stellung
bezieht. Klagen über manches was mir dabei mehr oder
weniger drückend geworden ist mögen in manchen Briefen an Bessel ausgesprochen sein, wie ich z. B. aus dem
Schluss des 116. Briefes schliessen muss. Es versteht
sich, dass ich solche Ergiessungen und die Erwiederungen
darauf nicht gedruckt wissen will. Im Allgemeinen aber
würde ich Ihnen die Regel anrathen, dass in allen Fällen

wo Sie selbst zweifelhaft sind, Sie lieber streichen als
stehen lassen.

5) Noch bedenklicher sind die vielen Complimente, die
sich in fast allen Briefen finden. Ich weiss recht gut,
wie viel davon abzuziehen ist, auf den Grund von
Bessel's Liebhaberei, den Leuten gern etwas Angenehmes
zu sagen, oder etwas wovon er voraussetzte, dass sie
es gern hörten. Auch ist es etwas anders, wenn dergleichen nach dem Tode beider Betheiligten, wo beide
so zu sagen bloss historische Personen geworden sind,
gedruckt wird, etwas anderes wenn der belobte Theil
noch am Leben ist, und, da doch das Hergeben der
Briefe von Ihm freiwillig geschieht, er als Miturheber
der Veröffentlichung solcher Briefe betrachtet wird. Sehen
Sie zu, theuerster Freund, ob Sie durch (nöthigenfalls
unbarmherziges) Wegschneiden bewirken können, dass
ich bei keinem Briefe bei dem Gedanken erröthen muss,
mancher feinfühlende Leser werde sich wundern, dass
der Empfänger einen solchen Brief dem Druck hat hin-
geben mögen.

6) Ich kann nicht läugnen, dass ich ein Bedenken gerade
im umgekehrten Sinn bei ein Paar der letzten Briefe
habe, wo die Leser sich von einer gewissen Förmlich-
keit befremdet finden werden. Ich möchte nicht gern,
dass das Klatschpublicum sich dadurch zu allerlei Con-
jecturen veranlasst finde, und wünsche daher, dass aus
der Anrede Hochgeehrtester Herr und Freund, der Herr
gestrichen werde. Ich bin gewiss, dass ich diese Förm-
lichkeit nicht angefangen habe, möglich aber wäre es,
dass ich empfangene Münze in kind zurück gegeben
hätte.

7) Ungern erwähne ich noch Einen Brief, den ich lieber
ganz getilgt hätte: ich wollte aber Ihnen, lieber Schumacher, nicht halbes, sondern volles Vertrauen bezeugen,
und lege ihn daher bei. Es ist № 108. Ich habe mich
u. Z. durch denselben sehr verletzt gefühlt, und zwar
noch mehr durch den ungeziemenden Ton als durch die
Sache selbst. In der That hat Bessel sich in der letzten
Zeile zu einem Ton vergessen, den ich selbst nicht

einmahl gegen einen Untergebenen mir erlauben würde.
Es versteht sich, dass ich die bezeichnete Stelle nicht
gedruckt wissen will, und enthalte mich aller weitern
Bemerkungen.

Ich habe, so viel ich mich erinnere, auf diesen
Brief gar nicht geantwortet, und wenn ein späterer
Brief (№ 110) eine (in meinen Augen misslungene) Rechtfertigung gegen eine, wie es scheint, von mir in einem
Briefe vom Ende Februar 1839 geäusserte Empfindlich-
heit vorbringt, so halte ich für wahrscheinlich, dass
letztere Empfindlichkeitsäusserung sich nicht auf den
Brief 110, sondern auf einen nicht aufbewahrten bezieht,
worin Hessel den ungeschickten Ausdruck, ich solle
meine Arbeit dem Publicum nicht vorenthalten, gebraucht haben muss. In der That habe ich diesen Ausdruck weder in 108 noch in 110 gefunden, und ausser
diesen finde ich aus jener Zeit nichts vor. (Jene angeb-
liche Rechtfertigung in 110, die aber im Grunde wieder
neue grundlose Angriffe enthält, müsste natürlich auch
wegfallen).

Ich will für heute wenigstens über diesen Gegenstand nichts
weiter hinzusetzen, um die Absendung nicht länger aufzuhalten.

Ihrem Verlangen zufolge schicke ich das Packet unfrankirt
ab, rechne dagegen bestimmt darauf, dass Sie von jetzt an auch
wieder alle Ihre Briefe unfrankirt an mich absenden.

Schliesslich noch folgendes. Am 17. des Abends bemerkte
Professor Goldschmidt bei übrigens meist bedecktem Himmel im
untersten Norden einen Nordlichtschein, und traf sogleich An-
stalt das Magnetometer zu beobachten. Er beobachtete mit geringen Unterbrechungen mehr als fünf Viertel Stunden von 10 zu
10 Secunden, und ich übersende Ihnen hiebei einen Auszug aus
seinen Resultaten. Die Bewegungen haben eine Grösse, wie sie
sonst selten vorkommt.

Stets von Herzen der Ihrige

C. F. Gauss.

Göttingen, 29. December 1848.

No 1243.　　Schumacher an Gauss　　[715

Ich sende Ihnen, mein theuerster Freund, nach Kreil's
Wunsche das Ende seines Briefes, das einen Ungarn betrifft,
der mit Ihnen in Göttingen studirt haben soll.

Ihr ewig dankbarer

H. C. Schumacher.

1849. Februar 20.

No 1244.　　Gauss an Schumacher.　　|529

Mit vielem Danke schicke ich Ihnen, mein theuerster Freund,
das mir mitgetheilte Fragment des Littrow'schen Briefes zurück.
Von meinem alten Universitätsfreunde Bolyai hatte ich selbst
im Februar v. J. einen Brief gehabt, welchen ich im April beantwortet habe. Ob aber meine Antwort ihre Bestimmung erreicht hat weiss ich nicht. Eine noch etwas spätere Nachricht
als diese Littrow'sche hatte ich vorigen Herbst, wo mir Gerling
einen ihm im September von Bolyai an ihn geschriebenen Brief
mittheilte. Er erwähnt darin des Besuches von Littrow, aber
nichts von unangenehmen Folgen, daher ich vermuthe, dass es
damit wenig zu bedeuten gehabt hat. Wie es freilich bei den
späteren Kämpfen ihm ergangen ist, weiss Gott.

Die Bessel'schen Briefe hatte ich Ihnen vor etwa 3 Monaten geschickt, kann aber aus Ihrem Briefe vom 20. Februar
dem einzigen, den ich seit 3 Monaten von Ihnen erhalten habe,
nicht entnehmen, ob solche richtig angekommen sind.

In den Astronomischen Nachrichten habe ich zwei Aufsätze
in der Fortsetzung gefunden, von Alexander und Peters, wozu
ich den Anfang nicht gesehen habe. Ich habe nämlich die
Nummern

658 und 661

bisher nicht erhalten. Die andern sind, wie ich mir absichtlich
notirt habe, in folgender Ordnung angelangt:

659	ungelangt	Februar	7
660	„	Februar	9
662	„	Februar	20
663	„	Februar	26
664	„	März	5

In früherer Zeit ist auch zuweilen vorgekommen, dass eine frühere Nummer wir erst nach der folgenden zugekommen ist. Nach obigen Daten habe ich aber wohl keine Hoffnung, dass die Nummern 658, 661 noch auf bloss verzögerter Reise sind, sondern entweder vergessen, oder verloren gegangen sein müsseu.

Stets der Ihrige

C. F. Gauss.

Göttingen, den 12. März 1849.

N. S. Herrn Oelzen, mein ehemaliger Zuhörer, dessen gegenwärtiger Aufenthalt mir unbekannt ist, scheint eben so wie früher Herrn Gould entgangen zu sein, dass der Zodiakus der Juno schon im Anfang des Jahrs 1805 von mir berechnet ist. Mon. Corr. XI S. 225.

N° 1243. Schumacher an Gauss. [716

Dass ich Ihnen, mein theuerster Freund, den Empfang der Bessel'schen Briefe noch nicht angezeigt habe, ersehe ich mit Beschämung aus Ihrem letzten Briefe. Es ist nur eine Folge der unruhigen und unglücklichen Zeiten, die ich verlebt habe. In solchen Zeiten vergisst man leicht Alles, was nicht gleich im geeigneten Augenblicke ausgeführt wird, und mir bleibt jetzt nichts weiter als auf Ihre Verzeihung zu hoffen.

Die beiden fehlenden Nummern wird Petersen Ihnen senden.

Darf ich fragen, ob der sorgfältige Verschluss Ihres letzten Briefes sich mit Besorgnis, dass das Postgeheimniss verletzt werden könne, gründet, oder nur zufällig ist?

Der Schluss des Briefes, den ich Ihnen sandte (der Anfang enthält nur Beobachtungen, die Sie in den Astronomischen Nachrichten finden werden, und die, wie ich glaube, kein besonderes

Interesse für Sie haben werden) war von Kreil, nicht von Littrow. Vielleicht verwechseln Sie die Herren, weil sie beide k. k. Astronomen sind.

Bei der Bessel'schen Correspondenz muss ich noch etwas nachtragen. Vor ungefähr 14 Tagen schrieb mir die Wittwe, man habe sie aufmerksam gemacht, dass Ihr eigentlich nur die Hälfte des Honorars zukomme, und jedem der beiden Herausgeber (Erman und mir) ¼. Ich antwortete unmittelbar, dass ich kein Honorar annehmen würde, als ich aber in dieser Zeit über die Gründe nachdachte, die den Rathgeber bewogen haben könnten, jedem Herausgeber gerade ¼ zuzuerkennen, kam ich auf die Vermuthung, dass sie den Rath unrichtig verstanden hat. Wahrscheinlich waren nicht die Herausgeber, sondern die Besitzer der von Bessel geschriebenen Briefe (Sie und Senator Olbers) gemeint. In der That, wenn man annimmt, dass bei einer Correspondenz von beiden Seiten gleichviel Briefe geschrieben sind, so ist die Vertheilung richtig. Es erhält dann

Bessel's Wittwe für Gauss's Briefe an Bessel ¼
            für Olber's Briefe an Bessel ¼
Sie   für Bessel's Briefe an Sie   ¼
Senator Olbers für Bessel's Briefe an Olbers ¼

Ich erwarte die Antwort der Wittwe mit einiger Neugierde, um zu sehen, ob meine Vermuthung richtig ist.

Ihr ewig dankbarer

H. C. Schumacher.

März 14.

***

N? 1246.   **Schumacher an Gauss.**   [717

Von Gould erhalte ich eben einen Brief, dass die See-Officiere in America durchaus die Berechnung einer nautischen und astronomischen Ephemeride, wie der Nautical-Almanac, für sich vindiciren wollen. Eine solche soll nämlich jetzt dort heraus kommen.

Er wagt Sie nicht um ein Zeugniss für seine Befähigung zu

dieser Arbeit zu bitten, und doch ist es ihm natürlich um Ihr Zeugniss sehr zu thun, und frägt mich deshalb um Rath. Ich denke es ist das beste Ihnen direct die Sache vorzulegen. Wenn Sie dabei Bedenken haben, so antworte ich ihm, dass ich keinen Rath geben könne. Wenn Sie kein Bedenken haben, so sende ich ihm als beste Antwort Ihr Zeugniss.

Ihr ewig dankbarer

1849. März 27. H. C. Schumacher.

N° 1247. Schumacher an Gauss. (718

Ich muss sie, mein hochverehrter Freund, noch einmal mit dem Honorar behelligen. Ich antwortete der Wittwe Bessel's, dass ich nichts für die Herausgabe haben wollte. Sie schreibt mir, dass sie sich damit nicht beruhigen könne, und sehr wünsche, dass Sie und der Senator Olbers ⅓ des Honorars empfangen möchten, Erman und ich auch ⅓. Da sie nicht schreibt, „Sie und Olbers zusammen ⅓," so würden bei dieser Rechnung eigentlich ⅔ herauskommen, und für die Wittwe selbst nichts bleiben. Obgleich ich von Ihrer Antwort im voraus gewiss bin, muss ich doch Ihre Antwort der Wittwe melden, und Sie also darum bitten.

Vielen Dank für ihren Gould betreffenden Brief. Ich habe ihn gleich abgeschickt.

... hat mir mit Humboldt's Erlaubniss einen Brief Lehmann's von 4 Foliobogen an Humboldt gesandt, der mir eine heitere Stunde, die mir jetzt besonders willkommen sind, gemacht hat. Wollen Sie ihn nicht sehen? ich darf Ihnen dasselbe Resultat versprechen, und habe Drucksachen, die sich recht eigentlich zur Beilage qualificiren, d. h. die die Aufschrift Drucksachen rechtfertigen, ohne irgend ein anderes Verdienst zu haben. Sie müssen aber, um die rechte Wirkung zu haben, ihn nicht cursorisch, sondern aufmerksam von Anfang bis zu Ende lesen.

... ist übrigens ein eus sui generis. Er will jetzt

eine Methode zur Bahnbestimmung der Planeten geben. Er führt Ihre Auflösung (von der er dabei sagt, „dass sie eigentlich die einzige mögliche sei") auf die Form, welche bei der Olbers-schen Cometen-Methode gebraucht ist, zurück.

„Es ist eigentlich Alles aus der Th. m. genommen, Dennoch hat es mir Vergnügen gemacht, mich von Gaussens Form los machen zu können, da würklich wunderbarer Weise ich überall die Figuren und Buch-staben von Gauss in allen Lehrbüchern wiedergefunden habe."

Kommt das nicht auf den Grund hinaus, den der Athenienser der Aristides verbannte, für seine Abstimmung angab, nemlich, weil man ihn überall so loben höre?

Ihr ewig dankbarer

H. C. Schumacher.

1849. April 13.

N. S. Ich bemerke dabei, dass er sonst Ihr warmer Ver-ehrer und Bewunderer ist, aber er kann nicht contra naturam sui generis an. Er muss bei Allem, wenn auch auf die unbe-deutendste Weise betheiligt seyn. Was ich Ihnen aus seinem Briefe mittheile, würde ich nicht abgeschrieben haben, wenn ich nicht überzeugt wäre, dass Sie es später in seiner Abhandlung gedrukt finden werden.

Nº 1248.   Gauss an Schumacher.   [530

Auf Ihre Anfrage, mein theuerster Freund, habe ich nur zu erwiedern, dass von der Annahme eines Geldhonorars meiner-seits um so weniger die Rede sein kann, da ich, wie Sie wissen, die demnächstige vollständige Zurückgabe der Ihnen zur Be-nutzung geschickten Briefe, ausdrücklich bevorwortet habe.

Von Herrn von Humboldt habe ich seit mehrern Jahren gar keine directen Nachrichten, kaum auch andere indirecte, als die Sternberg in seinen Royalisten von dem mysteriösen in der .

18

fatalistischen Nacht 18./19. März 1848 nicht an die Adresse zu
bringenden Papiere gegeben hat. Diese Nachricht steht übrigens
im Widerspruche mit einer andern, die ich früher in einem öffentlichen Blatt gefunden hatte, nach welcher II. in jener Nacht mitten
in seinen wissenschaftlichen Beschäftigungen am Kosmos (wie Ar-
chimed bei der Erstürmung von Syrakus) von einer Barrikadenrotte
in seiner Wohnung überfallen sei, die sich aber, sobald er sich
genannt, sogleich ehrfurchtsvoll entfernt habe, zum Beweis, dass
die Berliner Canaille viel civilisirter ist, als ehedem die ver-
thierte Römische Soldatesca (so heissen ja wohl die jetzigen
Modestichwörter?) Wissen Sie vielleicht, wer Recht hat, der
Zeitungsartikel, oder Sternberg, oder keiner von beiden?

Seit dem 10. d., bin ich nun auch in der alten Welt Gross-
vater, da meine Schwiegertochter in Hannover glücklich von
einem gesunden Sohn entbunden ist, nachdem die Ehe 9 Jahre
kinderlos gewesen. In Amerika habe ich eine Menge Enkel und
Enkelinnen, von beiden Söhnen; der älteste Enkel wird nächstens 11 Jahr alt. Wie ist's mit Ihnen? ich bin wirklich ungewiss, ob Kinder von Ihnen schon verheirathet sind.

Meiner schon im vorigen Herbst ausgesprochenen Bitte,
Ihre Briefe an mich unfrankirt abzuschicken, haben Sie bisher
nicht Folge gegeben. Ein solches gegenseitiges Cartell, wie
ich es sonst mit den meisten meiner Correspondenten gehalten
habe, z. B. auch mit Olbers, gewährt einige Bequemlichkeiten,
da man unfrankirte Briefe zu jeder Stunde aufgeben kann, fran-
kirte nur in gewissen beschränkten Stunden, so wie, andererseits
ich für ankommende Briefe nur monatlich Rechnung erhalte.
Ich will versuchen, diese Bitte nochmals zu wiederhohlen, indem
ich diesen Brief unfrankirt abgehen lasse. Fahren Sie fort,
Ihre Briefe zu frankiren, so werde ich daraus den Schluss
ziehen, dass ein solches Cartell Ihnen nicht genehm ist.

In der Ueberschrift von Jacobi's Aufsatze, die auch in das
Inhaltsverzeichniss im folgenden Stück übergegangen ist, befindet
sich wohl ein Druckfehler, und muss statt gerader Zahlen
heissen grosser Zahlen?

Stets der Ihrige

C. F. Gauss.

Göttingen, 17. April 1849.

P. S. Können Sie mir nicht ein oder einige Sujets vor-
schlagen, die sich zu Preisfragen für Studenten eignen? Es ist
wieder die Reihe an mir, nächstens solche vorzulegen, und diejenigen, welche mir bisher eingefallen sind, lassen wenig Aussicht, dass sie eine genügende Beantwortung finden würden.
Die letzte von mir aufgegebene Frage war die das Pentagon
betreffende, für deren Beantwortung Wichmann den Preis
erhielt.

N° 1249.　　Schumacher an Gauss.　　[719

So eben erhalte ich mit der englischen Post die Nachricht,
dass Graham in Markree (Irland) einen zweiten Cometen entdeckt hat. Position:

$$\text{April 14,} \quad 11^h 26' 47'' \text{ M. Zt. Markree.}$$
$$\text{AR} \quad 14 \quad 49 \quad 50$$
$$\text{Decl.} \quad + 27^0 40'$$

Stündliche Bewegung ohngefähr:

$$\text{in AR} \quad - 19'',9 \text{ in Zeit.}$$
$$\text{in Decl.} + 107''$$

Von Humboldt, mein theuerster Freund, habe ich vor etwa
4 Wochen noch einen Brief gehabt, nach dem es ihm wohl zu
gehen schien. Er wundert sich, dass seine Gesundheit in dieser
bewegten Zeit so stark bleibe, schreibt aber nichts über die
Begebenheiten der Nacht vom 18./19. März vorigen Jahres. Mir
scheint es nicht unwahrscheinlich, dass beide Versionen unzu-
verlässig seyen.

Meinen besten Glückwunsch zu Ihrem europäischen Enkel.
Seit einem Jahre habe ich auch einen Enkel, den Sohn meiner
zweiten Tochter Maria, die mit einem Rechtsgelehrten, dem
Dr. de Drusina in Hamburg verheirathet ist.

Lehmann hat, als er den Brief schrieb, den Sie in diesen
Tagen erhalten, gewiss nichts weniger beabsichtigt, als ergötz-
lich zu schreiben, hat es aber malgré lui gethan.

Ihren Befehlen wegen der Nichtfrankirung werde ich nach-
kommen.

2*

Sollte mir eine Aufgabe einfallen, die ich für Ihren Zweck passend halte, werde ich Ihnen sogleich meinen Vorschlag machen. Ich bezweifele aber, dass ich etwas Te judice dignum auffinden kann.

Ihr ewig dankbarer

H. C. Schumacher.

1849. April 20.

N° 1250.   **Gauss an Schumacher.**   [531

Da ich so eben von Herrn Meierslein erfahre, dass er im Begriff ist, eine Reise nach Hamburg zu machen, so benutze ich diese Gelegenheit, Ihnen mit vielem Dank die Lehmann'sche Epistel zurückzusenden. Es ist mir dabei fühlbar geworden, wie viel ergötzlicher es ist dergleichen zu lesen, als es zu hören; denn in der That der ganze Tenor des Briefes frischt mir den leibhaften Lehmann selbst wieder auf, wie er 1843 mit seiner eintönigen schulmeisterlichen nie absetzenden Stimme mich tödtlich langweilte.

Nach dem Cometen hat Goldschmidt in mehreren Nächten vergeblich umgesehen. In den frühern war freilich der Luftzustand sehr ungünstig, aber gestern Abend doch leidlich. Ich selbst darf mich der Nachtluft noch nicht aussetzen, und so wird wohl keiner derselben hier früher beobachtet werden, als bis noch irgend eine spätere Nachricht nachgekommen ist.

Stets der Ihrige

C. F. Gauss.

Göttingen, 1849. April 26.

Uebrigens kommt es mir nach einigen Stellen in Lehmann's Briefe so vor, als ob Jacobi's Verfahren gerade in den wesentlichsten Punkten mit dem von mir vor nahe 10 Jahren bei der Pallas angewandten übereinstimmt; er spricht von 12×12 Elongationen, die noch keine hinlänglich sichere Convergenz geben, ich hatte damals 24×48 angewandt (bei ♄·Störung durch ♃

wo es ganz sachgemäss war so viele anzuwenden). Er spricht
von anderweitigen Kunstgriffen, die die Convergenz beschleuni-
gen sollten, aber den Zweck nicht erreichten; ich habe auch
(für die Störungen der ♁ durch ♂, wo die Verfolgung des
Zwecks auf ähnlichem Wege wie bei ♃ nicht rathsam gewesen
wäre, da die Arbeit dann eben so gross wie bei ♃ geworden
wäre, obwohl die Geringfügigkeit der Resultate eine so unge-
heure Arbeit nicht verdienten) besondere analytische Kunstgriffe angewandt, um viel schnellere Convergenz zu erlangen,
die ihren Zweck vollkommen erfüllten. Ich habe aber diese
Arbeit, die damals durch andere Geschäfte abgebrochen wurden,
nicht wieder aufgenommen, folglich unvollendet gelassen, und
fühle mich vor der Hand nicht aufgelegt, darauf zurück zu kommen, da ich vorerst andere habe, die ich erst lieber vollende,
so wie ich andererseits auch jetzt viel langsamer arbeite als in
früherer Zeiten, wo von 24 Stunden immer eine viel grössere
Anzahl zum Arbeiten verwenden konnte als jetzt.

1251.   **Schumacher an Gauss.**   [720

Seit etwa 8 Tagen habe ich die Durchsicht Ihrer Correspondenz mit Bessel angefangen und es scheint mir jetzt am besten,
wenn Sie es sonst erlauben, alle Ueberschriften und alle Un-
terschriften wegzulassen. Im Anfange der Correspondenz sind
sie von Bessel's Seite sehr förmlich, er geht aber bald zu einer
Vertraulichkeit über, die weder für seine damalige Lage in der
Gesellschaft noch in der Wissenschaft mir passend scheint, und
etwas an die Nonchalance erinnert, die man gewöhnlich bei
Comtoiristen findet, und von der Bessel sich damals, als er
noch in ihrer Mitte lebte, nicht ganz losmachen konnte. Darf
ich nicht einfach über jeden Brief Bessel an Gauss oder Gauss
an Bessel und unter dem Briefe Bessel oder Gauss setzen? Im
Contexte selbst möchte ich nichts verändern. Es sind doch
Bessel's eigene Aeusserungen, und sie kommen mir würklich
nicht hyperbolisch vor. Wenn Sie erlauben, dass sie stehen
bleiben, so werde ich natürlich in der Vorrede sagen, dass ich
sie nicht habe streichen wollen.

Mit der Auswahl was von den Rechnungen stehen bleiben
soll oder nicht, hat es, wie Sie vorausgesehen haben, grosse
Schwierigkeiten. Gleich im ersten Briefe wollte ich Ihre Inter-
polationsformeln zu den Zach'schen Sonnentafeln streichen, weil
die Tafeln selbst längs: veraltet sind, aber ich möchte sie nach
reiferer Ueberlegung doch stehen lassen, weil sie eines von den
vielen Beispielen giebt, wie Sie Rechnungen einfach und bequem
zu machen verstehen. Hessel's Sonnenörter dagegen unterdrücke
ich ohne Bedenken.

Da die Nachrichten über die beiden Cometen nicht zeitig
genug in die Astronomischen Nachrichten kommen können, in
denen jetzt, wo möglich, Hessel's Saturn's System beendigt werden muss, so lasse ich am 1. Mai ein zweites Circular mit Allem,
was ich über die Cometen weiss, abgehen. Graham's Comet ist
schon am 11. April von Schweizer in Moskau entdeckt. Der
junge Sonntag hier hat folgende Elemente berechnet •

1748 Jun. 18,   21ʰ 27' 22"   ·T 1849 Juni 8,20514 M.Zt.Berlin
            278° 47' 10"   π . . . . 267° 7' 6"
             33   8 29   ☊ . . . . . . 30 . 32 16
             67   3 28   i 66 54   5
            9,796126   log q 9,051203
            Direct.   Direct.

Es ist wohl kaum an der Identität mit dem zweiten Cometen
1748 (№ 70) zu zweifeln, dessen Bahn Hessel aus drei unvoll-
kommenen Beobachtungen von Klinkenberg berechnet hat (siehe
die links stehenden Zahlen).

Sonntag hat für die nächsten Tage folgende Positionen
gerechnet

	AR ☿	Decl. ☿	log Δ
April 30,5	158° 27'	− 8° 26'	0,32166
Mai 4,5 ·	140 45	−14 21	9,38681
„ 8,5	127 51	−21 9	9,47935

Damit ist die Sichtbarkeit für uns in der nördlichen Halbkugel vorüber.

Ihr ewig dankbarer

1849, April 29.   H. C. Schumacher.

No 1252. , Schumacher an Gauss. [721

Sonntag fand gleich, dass der Neapolitanische Planet sehr nahe in den Zodiacus der Kreisbahn des Cacciatorischen Planeten passte, und Drorsen berechnete aus den beiden Neapolitanischen Beobachtungen folgenden Entwurf einer Kreisbahn

$$1849 \text{ April } 14,375 \text{ Helioc. Länge } 193°42',4$$
$$\log a \ldots\ldots \quad 0,37200$$
$$\Omega \ldots\ldots \quad 332°\ 54',6$$
$$i \ldots\ldots \quad 4\ 13$$

Die sich vielleicht soviel als man erwarten darf der gleichfalls rohen Kreisbahn des Cacciatorischen Planeten nähert.

Ihr ewig dankbarer

H. C. Schumacher.

1849, Mai 13.

No 1253. Gauss an Schumacher. [532

Für Ihre gütigen Mittheilungen den neuen Planeten betreffend, sage ich Ihnen, mein theuerster Freund, meinen besten Dank. Das Wetter ist hier seit einiger Zeit anhaltend so schlecht gewesen, dass noch keine Möglichkeit gewesen ist, sich danach umzusehen.

Dass Sie aus den Bessel'schen Briefen alle Titulaturen und Ueberschriften weglassen, billige ich vollkommen, so wie ich überhaupt meine frühere Bitte wiederhohle, dass Sie in jedem Falle, wo Sie nur irgendwie zweifelhaft sind, ob die Aufnahme dieses oder jenes Briefes oder Theiles von einem Briefe ganz unbedenklich sei, Sie sich zum Streichen entschliessen mögen. Ihre Delicatesse wird gewiss ein derartiges Gericht bei allen, Praeconisirungen von selbst üben. .

Den Lehmann'schen Brief habe ich Ihnen vor etwa 3 Wochen zurückgeschickt; da diess aber mit einer Gelegenheit geschehen

- ist, und Sie den Empfang gar nicht erwähnen, so bin ich in
einiger Ungewissheit, ob er richtig abgeliefert ist.

Unsere öffentlichen Zustände werden immer düsterer. Ich
weiss nicht, welcher Philosoph es war, der die Lehre aufstellte,
schlimme Zeiten solle man weder betrauern noch verlachen,
sondern verstehen. Ich gestehe, das erste Verbot ist sehr
schwer zu erfüllen, aber noch schwerer ist die Ausführung des
dritten Gebots. Zuweilen scheinen mir die Recht zu haben,
die da glauben, nicht bloss die Paulskirche, sondern fast ganz
Deutschland sei ein grosses Tollhaus geworden.

Stets der Ihrige

C. F. Gauss.

Göttingen, 17. Mai 1849.

Ich schiebe noch ein Blättchen in den schon gesiegelten
Brief. Ehe er zur Post geschickt, erhalte ich per Briefpost ein
Stück des Athenäum № 1124, augenscheinlich von Libri gesandt.
Wahrscheinlich haben Sie auch einen Abdruck erhalten. Ich
finde darin eine Stelle, die ich nicht verstehe. Pag. 485, Spalte 2
ganz oben steht: „The Ecole des Charte would never be content
untill if had huug M. Libri. As yet, if a very had pun may
be excused, this commission has „hung" nothing but „fire."

Können Sie mir vielleicht den Sinn dieses pun entziffern?
Sagt man vielleicht to hung fire von einer Wurst oder dergleichen, die in den Rauchfang gehängt wird? Aber auch so
finde ich keinen Verstand oder kein Salz.

N° 1254.   Schumacher an Gauss.   [722

Man sagt von Gewehren that they hang fire, wenn der
Schuss erst eine ziemliche Zeit, nachdem das Pulver von der
Pfanne abgeblitzt ist, los geht, wodurch denn, da das Zielen
auf augenblickliches Losgehen berechnet ist, fast immer bewirkt
wird, weil man nicht das Gewehr auf den Gegenstand gerichtet
erhält, dass der Schuss nicht trifft. Das hanging fire kommt
vorzüglich bei alten feucht gewordenen, und nachher verhärtet

getrockneten Ladungen vor, die sich langsam entzünden. Es scheint mir allerdings ein schlechtes Wortspiel zu seyn, und soll wohl bedeuten, dass die Ecole des Charles droht, aber mit der Ausführung der Drohung zögert.

Dent sendet mir seit einiger Zeit das Athenaeum nicht mehr, und so habe ich den Aufsatz nicht gesehen.

Den neuen Planeten hat Petersen beobachtet:

Altona M. Zt.

Mai 17, 10^h 40′ 84″ 12^h 1′ 11″,13   − 5° 37′ 30″,8

Encke: Berlin.

Mai 13. 12^h 19′ 2″,2   180° 18′ 37″,1   − 5° 43′ 55″,9

„ 15.   11 29 26, 3   180 17 44, 8   − 5 40 21, 0

Er hat mir gestern Abend Elemente gesandt, die (ohne Rücksicht auf Aberr. Praec. Nut. Par. etc.) aus den beiden Berliner Beobachtungen und der vom 14. berechnet sind:

. Epoche 1849, Mai 13,5 Berlin.

Mittl. Länge . . . . . . 211° 8′ 31″,1

Anomalie 328   5   1, 3

Perihel 243   3 29, 8

☊ . . . . + ... 286 34 21, 1

Neigung 3 46 5, 9

φ . . . .   9 50 36, 8   e = 0,170959

log a 0,514044

m. t. tr. Bew. . . . . . 601″,09

Diese Elemente stellen die Beobachtungen vor (B−R)

April 14.   − 0″,2 − 0″,0   Neapel.

„ 17.   −7′ 87, 5 −11, 8   Neapel.

Mai 13.   − 0, 0 − 0, 1   Berlin

„ 15.   − 0, 6 + 0, 5   Berlin

„ 16.   − 4, 9 + 4, 8   Berlin

Die Beobachtung vom 17. ist um 30 Zeitsecunden falsch. Es ist mir eingefallen, dass nichts beweiset, welche Beobachtung falsch sei, die vom 17. oder 14., und dass man, wenn man die vom 17. zu den Elementen gebraucht hätte, einen enormen

Fehler bei der vom 14. finden würde. Um diesem Einwurfe zu
begegnen, hat Encke die Beobachtung vom 16. wohl verglichen.
Der Planet war om 16. stationär. Encke hat zum Auffinden
folgende Ephemeride beigefügt, die ich Ihnen von übermorgen
an mittheile:

Berlin.	AR.	Decl.	log Δ
Mai 21,5	180° 23' 13"	−5° 32' 38"	0,33226
„ 22,5	25 20	31 51	0,33427
„ 23,5	27 46	31 12	0,33629
„ 24,5	30 33	30 41	0,33882
„ 25,5	33 39	30 19	0,34036
„ 26,5	37 5	30 5	0,34242
„ 27,5	40 51	30 0	0,34448
„ 28,5	44 55	30 2	0,34656

Mehr hat er nicht gesandt, und selbst soviel ist wohl kaum
zu verbürgen.

Die Ansicht der Majorität (wenn sonst die Vernünftigen die
Majorität bilden) über Deutschland theile ich vollkommen.

Ihr ewig dankbarer

H. C. Schumacher.

Altona, 1849. Mai 19.

N° 1255.   Schumacher an Gauss.   [723

Ich befürchte fast, mein theuerster Freund, dass ich Sie in
diesen Tagen über die Gebühr mit Briefen behellige, aber ich
glaubte Ihnen das Neueste vom Planeten mittheilen zu müssen.
Eben erhalte ich ein Circular, das Capocci selbst versandt hat.
Es enthält 4 Beobachtungen, und es erhellt daraus, dass Encke's
Bahn nicht viel von der Wahrheit abweichen kann. Die 30 Zeitsecunden bei April 17 sind ein Fehler der revolutionairen Cor-
rispondenza scientifica auf dem Capitol. In dem Römischen
Circular ist der Unterschied der AR von April 14 und 17....2ᵐ 29ˢ
(in meinem Circular ist 58' ein zweimal corrigirter und doch
bei dem Abdruck stehen gelassener Druckfehler; es soll 59ˢ

heissen). Capooci giebt nur $1^m 59^s,07$ also sehr nahe 30° weniger.

Er bemerkt, dass die Beobachtungen von April 14 und 17 nur während einiger Augenblicke gemacht sind, in denen es heiter war, und dass sie den Planeten am 22. und 23. schärfer beobachten konnten.

M. Zt. Neapel.

April 14,3771	182°	57'	37"	− 7°	26'	18"
„ 17,5854	182	28	11	7	13	10
„ 22,3840	181	49	20	6	52	6
„ 23,9563	181	41	38	6	47	31

Petersen hat hier beobachtet:

		Correct. v. Encke's Ephem.		
Altona M. Zt.		in AR.	in Decl.	
Mai 17. 10ʰ40'33",5	180°17'47",0	−5ˢ37'30",8	−24",5 − 14",0	
„ 18. 10 0 23, 7	180 18 26, 7	5 36 6, 9	−27, 8 − 9, 1	
10 18 40, 4	− − 40, 3	5 35 55, 6	−14, 7 + 1, 3	

Sonntag:

Mai 17. 12 15 44	180 17 52, 9	−5 37 16, 3	−20, 8 − 5, 0	
„ 18. 10 25 46	− 18 38, 7	5 35 59, 6	−16, 2 − 3, 3	

Von Rümcker erhalte ich eben:

Mai 18. 10^h 21' 14" Hamb. 180° 18' 37",7 − 5° 36' 2",5

Ihr ewig dankbarer

H. C. Schumacher.

Altona, 1849. Mai 20.

No. 1256.   Schumacher an Gauss.   [724

Mein theuerster Freund!

Von dem Rechner Puse erhalte ich aus Wien einen Brief, in dem er mir meldet, er beabsichtige die Faktoren und Primzahlentafel bis auf 10 Millionen fortzusetzen, und dürfe auf die

Unterstützung der Akademie rechnen, wenn Sie die Arbeit für nützlich hielten.· Die Akademie verlangt, ehe sie sich auf etwas einlassen will, Ihr Urtheil. Er bittet gehorsamst um Ihre Entscheidung. Wenn Sie sich sonst darüber aussprechen mögen, so kann ich ihm, was Sie schreiben, senden. Mir scheint es, wenn die Arbeit sonst nützlich ist, ein ganz passender Gebrauch einer solchen Rechen-Maschine. Weiter ist er in der That nichts; es ist auch keine divinae particula anrae in ihm.

Dass ich gegen Ihren Befehl diesen Brief frankire, werden Sie hoffentlich entschuldigen.

Ihr ewig dankbarer

H. C. Schumacher.

Altona, 1849. Mai 23.

Die Correction an Encke's Ephemeride des neuen Planeten anzubringen war nach Sonntag's Beobachtungen in voriger Nacht:

in AR — 82″
in Decl. — 5

aber der Stern differirt bei Bessel und Lalande um 0″,4.

N: 1257.   Schumacher an Gauss.   [725]

Sie werden an dem heutigen Tage, mein theuerster Freund, so von Festlichkeiten und Gratulationen umringt seyn, dass ich nur ein paar Worte mit den herzlichsten und treusten Wünschen Ihnen aus der Ferne zu senden wage. Ich hätte sie Ihnen gerne mündlich gebracht, aber Sie werden von Weber erfahren, was mich abhielt. Gott segne Sie, und erhalte Sie noch lange gesund und heiter ·der Wissenschaft und Ihren Freunden, zu deren innerem Kreise sich mit Weber rechnet

Ihr ewig dankbarer

H. C. Schumacher.

Altona, 1849. July 16.

No 1258. Gauss an Schumacher. [333

Theuerster Freund!

Erst spät statte ich Ihnen meinen besten Dank ab für die freundlichen Zeilen, womit Sie den 16. Julius begrüsst haben. Weber hat mir die Umstände mitgetheilt, die mich der Freude beraubt haben, Sie persönlich hier zu sehen, und das Eine Actenstück lege ich hier wieder bei.

Die grosse Menge der Gratulationsbezeugungen hat mir so viele Danksagungsverpflichtungen aufgelegt, dass ich damit gar nicht vorkommen kann, zumal da die täglichen Geschäfte fort- laufen, durch ausserordentliche vermehrt sind, und bei meinem Gesundheitszustande von den 24 Tagsstunden nur wenige zu Arbeiten oder Geschäften am Schreibtische verwandt werden können. Die vielen persönlichen Visiten sind jetzt abgemacht und von den brieflichen Danksagungen etwa ⅓, die übrigen müssen bis zu den Ferien verschoben bleiben.

Ich lege hier noch einen Bessel'schen Brief bei, der sich in ein Buch versteckt hatte, also in dem Ihnen überschickten Fascikel fehlte. Erst heute ist er mir zufällig in die Hände gefallen.

Stets der Ihrige

C. F. Gauss.

Göttingen, 14. August 1849.

No 1259. Schumacher an Gauss. [726

Ich habe mit grosser Freude gehört, dass Sie, mein theuer- ster Freund, die Fatiguen an dem Tage Ihres Jubiläums besser ertragen haben, wie wir Alle hoffen durften. Hansen schreibt mir, dass Sie ihm zuerst den Tag darauf angegriffen geschienen hätten, dass Sie aber bald zu der klaren Heiterkeit zurückge- kehrt seien, die Sie immer ausgezeichnet hat. Amen! und noch

einmal Amen! Ein Alter, bei dem Ihr gewaltiger Geist seine
jugendliche Frische behält ist ein erwehntes Glück, und Sie
müssen es mit dem Körper nicht so genau nehmen, wenn er
Ihnen auch nicht mehr ganz so viele Arbeitsstunden, wie früher,
erlaubt.

Mein Repsold'sches U.-I. (i. e. Universal-Instrument) hat
mich in dieser Zeit sehr beschäftigt. Es hatte eine Biegung von
etwa 3" im Horizonte, die aber im Winter und Sommer nicht
ganz constant schien. Im Anfange dieses Jahres entschloss
Repsold sich eine neue conische Röhre für das Fernrohr zu
machen, die ohne alle erkennbare Biegung seyn sollte. Das
Instrument hat ein gebrochenes Fernrohr, wie der Reichenbach-
sche Stutzschwanz, so dass nur die Hälfte des Fernrohrs, die
das Objectiv enthält, dabei in Betracht kommt.

Ich glaubte erst als ich das Instrument wieder erhielt, dass
noch immer die alte Röhre daran sei. Der Nordstern gab, wie
früher eine etwa 2½" zu grosse, βLeonis eine um soviel zu
kleine Breite, aber Repsold zeigte mir die abgenommene Röhre,
und als ich vor etwa einem Monate anflug die Biegung im
Horizonte durch den Collimator zu untersuchen, erkannte ich
bald, dass es eine neue Röhre war. Ich erhielt nicht meine
vorige positive Biegung von 3", sondern eine kleine negative
Biegung von − 0",6.

Es ist bei diesen Untersuchungen nichts versäumt, was den
geringsten Einfluss auf das Resultat haben könnte, und ich bitte
in dieser Hinsicht um die Erlaubniss, Ihnen die Beobachtungen
übersenden zu dürfen, aus denen Sie Alles ersehen werden. Hier
begnüge ich mich Ihnen die einzelnen Resultate zu senden.
Jedes Resultat beruht auf 8 Einstellungen. Der Collimator ward
immer von Petersen, während ich am U.-I. beobachtete, sorgfältig nivellirt, und nach der 4ten Beobachtung 180° um seine
Axe gedreht, um die Abweichung der optischen Axe seines
Fernrohrs (die sehr klein zu seyn scheint) von der Axe seines
Cylinders zu eliminiren. So fand ich

Biegung im Hor.		Z.-P. des U.-J.		
Jul. 27	−0″,66	0° 1′ 45″,06	2	Bestimmungen
	−0, 39	44, 24	2	"
Jul. 31	−1, 09	44, 27	2	"
	−0, 67	44, 15	2	"
Aug. 4	−0, 85	44, 85	2	"
	−0, 57	44, 21	2	"
	−0, 99	44, 72	2	"
Aug. 20	−0, 55	44, 96,	2	"
	−0, 35	44, 33	2	"
Aug. 25	−0, 32	45, 16	2	"
	−0″,64	60 Einstellungen		

d. h. man lieset auf dem U.-J. eine 0″,64 grössere Z.-D. ab als der
Collimator angiebt. Bei der Z.-D. 90° zeigt das U.-J. 90° 0′ 0″,64.
Die Zenithpuncte des U.-J. die bei diesen Beobachtungen
gefunden wurden, habe ich beigesetzt, um aus ihrer Constanz
zu zeigen, welcher scharfen Beobachtungen das Instrument
fähig ist. Alle vorhergehenden Beobachtungen sind mit einem
durch Lampenlicht erleuchteten Felde des Collimators gemacht.
Ich glaubte, dass Tageslicht vielleicht vortheilhafter seyn könne,
und erleuchtete das Feld durch von einem kleinen Spiegel re-
flectirtes Tageslicht. Allein der Erfolg entsprach nicht den Er-
wartungen. Die Abweichungen der einzelnen Bestimmungen vom
Mittel wurden viel bedeutender, was wohl daher kommt, dass
bei der schwächeren Beleuchtung durch Tageslicht die Fäden
im Collimator nicht so scharf und bestimmt erschienen, wie bei
Lampenlicht. Ich setze Ihnen die so gemachten Beobachtungen
her.

Tageslicht		Zen.-P.
Aug. 10	−1″,46	0° 1′ 44″,91
	−2, 03	45, 10
Aug. 12	−0, 89	45, 61
	−0, 25	45, 62
Aug. 15	−1, 02	45, 60
	−1, 42	46, 05
Aug. 30	+0, 89	46, 13
	+0, 06	45, 50
Mittel	−0″,77	64 Einstellungen.

Dass das Mittel noch so nahe stimmt ist wohl nur Zufall. Von einer solchen negativen Biegung kann ich mir keinen Begriff machen, wenn nicht zugleich eine Spannung im Rohre und eine Biegung des Rohres durch die Schwerkraft existirt. Auf der einen Seite des Zeniths wirken dann beide Kräfte zusammen nach derselben Richtung, auf der anderen Seite würkt jede in entgegengesetzter Richtung, auf der einen Seite — Summe, auf der anderen Differenz beider Kräfte. Wenn man sich die Spannung als eine immer nach derselben Richtung würkende Kraft vorstellt, so kann sie allein die beobachtete Erscheinung nicht hervorbringen. Sie kann, so weit ich sehe, nur den Zenithpunct verändern (ebenso als wenn man das Fernrohr etwas böge) nicht aber die Zenithdistanzen.

Soll der Cosinus der Z.-D. in den Ausdruck der Biegung eingeführt werden, so wäre die Biegung meines U.-J.

$$w = 0'',64 \sin z + x \cos z$$

Es kommt nur darauf an x zu bestimmen. Hier möchte ich um Ihren Rath und Ihre Belehrung bitten. Das einfachste wäre wohl im Zenith ein Fernrohr aufzustellen, dessen kleine Abweichungen von der senkrechten Stellung durch das Niveau eben so scharf zu erkennen wären, wie die des Collimators von der horizontalen Stellung, und die Zenithdistanz dieses Fernrohrs mit dem U.-J. zu messen, allein die Beschränkung der Mittel der Sternwarte, die noch immer fortdauert, erlaubt die Ausgabe nicht.

So wie das Instrument jetzt eingerichtet ist (es war eigentlich für horizontale Winkel bei den Dreieckesmessungen bestimmt) kann man nicht von Quecksilber reflectirte Bilder beobachten. Es wäre aber allerdings noch ohne grossen Aufwand so zu verändern, dass man wenigstens den Nordstern oder Z.-D., die etwa 37° sind, im Quecksilber beobachten könnte.

Wären die Declinationen der Hauptsterne so scharf wie die des Polaris bestimmt, so könnte man mit dem Polaris südliche Sterne beobachten, und den Unterschied der Declination des Sterns und der Declination des Polaris mit der Summe der Zenithdistanzen vergleichen.

β Leonis eignet sich für meine Sternwarte gut dazu, weil er beinahe dieselbe Z.-D. hat, und die Declination nur geringe Abweichungen in den verschiedenen Catalogen hat. Ich habe ihn aber nur an zwei Tagen beobachten können, ehe er in den

Tag rückte, und das ist viel zu wenig. Bei andern Sternen
sind die Abweichungen sehr gross. Petersen, der jetzt mit der
Reduction des letzten Bessel'schen Catalogs (aus den Beobachtungen mit dem Repsold'schen M.-Kr.) fast fertig ist, findet für
α Virginis die Correction der Declination im Berliner J.-B.
= + 1″,67.

Dazu kommt noch, dass ich keine klare Vorstellung habe,
was x cos z eigentlich in der Natur bedeuten soll. Ich glaube
es soll die Würkung der Spannung vorstellen, die allerdings im
Zenith, wo sie nicht von der Schwerkraft afficirt wird ihr
Maximum hat, und im Horizonte verschwindet, aber wie gesagt
ich habe keine klaren und vollständigen Begriffe darüber. Ich
sehe nur, dass es so seyn könnte.

Petersen machte hei den Collimatorbeobachtungen am
15. August, ungefähr um 6 Uhr Abends, Sonntag und mich auf
ein sonderbares optisches Phänomen aufmerksam, das wir durch
den Meridiandurchschnitt sahen. Stel-
len Sie sich einen kleinen dem Horizonte parallelen Kreis vor, dessen
Mittelpunct in der Verticale zu liegen
schien, der etwa 30° vom Zenith abstand, und von dem nur ein Stück (a b)
von etwa 120° sichtbar war, obgleich
wenn der ganze Kreis erkennbar gewesen wäre wir ihn hätten sehen
können. Das Stück a b glich vollkommen einem Regenbogen. Die
Farben hatten die gewöhnliche (keine
ausserordentliche) Lebhaftigkeit. Roth

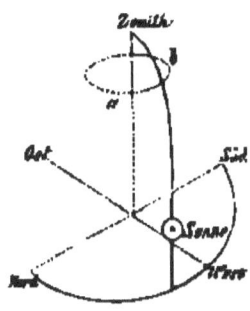

und Gelb waren an der innern concaven, Violett an der äussern
convexen der Sonne zugekehrten Seite. Das Phänomen war
höher als die Wolken, die ein paarmal vorbeizogen, und es
während des Vorbeiziehens bedeckten. Wir sahen es etwa
10 Minuten, es kann aber ehe Petersen es erblickte, schon da-
gewesen seyn. Zuletzt wurden die Farben blass, am Ende war
es nur ein Kreisstück von weissem Lichte und verschwand.

Doch ich habe Sie heute schon lange genug mit meinem Geschwätze ermüdet.

Ihr ewig dankbarer

H. C. Schumacher.

1849, September 7.

Nº 1260.   Gauss an Schumacher.   [584

Ueber die verschiedenen, in Ihrem letzten Briefe, mein theuerster Freund, berührten Gegenstände kann ich, zur Zeit wenigstens, mir ein competentes Urtheil schon deswegen nicht anmaassen, weil ich nur eine höchst mangelhafte Kenntniss von den dabei eintretenden Sachverhältnissen habe.

Sie beziehen Sich dabei auf Ihren Collimator, dessen Einrichtung mir ganz unbekannt ist (denn wenn man alle zu dem gleichen Zweck bestimmten Vorrichtungen mit dem Namen Collimator belegt, so lassen sich viele ganz wesentlich verschiedene Einrichtungen denken). Ich kann also bloss auf einige Ihrer Aeusserungen Vermuthungen darüber gründen. Es scheint, dass derselbe aus einem Fernrohr besteht, dessen optische Axe vermittelst eines damit verbundenen nivellirbaren Cylinders wenn nicht genau in eine horizontale, doch in eine bestimmte Neigung gegen den Horizont gebracht werden kann. Es bleibt mir dabei nun manches ungewiss. Der Cylinder wird wohl In Y's liegen und darin drehbar sein. Sie fordern eine Drehung von 180°; lässt sich diese genau oder bloss nach dem Augenmaass machen, nivellirt man den Cylinder genau an der Stelle, wo er in den Y's liegt (durch Aufstellen der Libelle rittlings), oder ist man von der vollkommenen Cylindricität in einer gewissen Längenstrecke abhängig; lässt sich die vollkommene Gleichheit der Dicke an den einliegenden Stellen prüfen; ist die Möglichkeit denkbar, dass die relative Lage der optischen Axe des Fernrohrs gegen die Achse des Cylinders nach einer Drehung von 180° sich wenn auch sehr wenig durch die Einwirkung der Schwere ändert (was man Biegung nennt)? Ich gestehe, dass ich vorziehen würde, anstatt eines solchen drehbaren Collima-

tors zwei ganz gleiche zu haben, die dann nicht drehbar zu
sein brauchten. Ich nähme Fernröhre, an denen die Libellen
festsässen. Ob der Parallelismus oder die Grösse der Neigung
der Libelle gegen die optische Axe ganz unveränderlich ist,
kann man als ganz irrelevant ansehen. Man fordert nur, dass
sie während der kurzen Zeit, die Ein Experiment dauert, un-
wandelbar sind. An einer oder an beiden Libellen muss die
Relation des Fernrohrs zur Libelle einer kleinen Correction fähig
sein. Ich stelle zuerst die beiden Collimatore einander gegenüber, und bringe an beiden die Blasen zum einspielen, und
corrigire an einem die optische Axe, so dass sie mit der des
andern coincidirt (rectius entgegengesetzt ist), was man an dem
Zusammenfalle des Bildes des einen Fadenkreuzes mit dem
andern Fadenkreuze erkennt. Stellen Sie nun die beiden Collimatore nach einander dem Fernrohr eines Meridian-Kreises oder
eines andern Höhenmessungsinstrumentes gegenüber und messen
die Zenithdistanzen z, z', so ist ± ½ (z' − z) die Neigung der
optischen Axe jedes Collimators gegen die Libellenröhre ;
½(z' + z) hingegen die Ablesung, die dem Horizontalvisiren entspricht. Thun Sie dasselbe auf der entgegengesetzten Seite,
z. B. auf der südlichen, wenn die vorige Operation auf der
Nordseite gemacht war, so erfahren Sie theils die Biegung beim
Horizontalstande, theils den eigentlichen Zenithpunkt.

Hätten Sie die Möglichkeit, mit demselben Instrumente entweder nach dem Nadirpunkte oder nach dem wahren Zenith
(etwa in der Art, wie Sie angeben) zu visiren, so erhielten Sie
das x für den Biegungstheil x cos z. Allenfalls liesse sich dies
ersetzen durch Beobachtungen vom Fixstern direct und aus einem
Quecksilber oder Wasserspiegel (wie ich es gethan habe). Fehlen
aber sowohl jene als diese Mittel, so — müssen Sie Verzicht
thun, dies x zu finden. Mein Urtheil über den dem Cosinus
der Zenith-Distanz proportionalen Theil der Biegung finden Sie
im „Breitenunterschied etc. pag. 67." Bei meinem Meridian-Kreise
und Passageinstrumente kann ich die Existenz einer solchen
Biegung sehr gut als schon durch die Balancirgewichte hervor-
gebracht vorstellen; eben so liegt gar nichts Befremdendes darin,
wenn dieselben bei horizontaler Lage des Fernrohrs eine negative
Biegung bewirken sollten. Wie es sich In dieser Beziehung mit

Ihrem U.-J. verhält, kann ich in Ermangelung einer Kenntniss
der Art, wie die Balancirung angebracht ist, nicht beurtheilen.
Aus dem obenangeführten Grunde unterlasse ich, mich in
ein Labyrinth von Hypothesen einzulassen. Von Ihrem Collimator habe ich, wenn ich mich recht erinnere, vor langer Zeit
(vielleicht 25 Jahren) eine Zeichnung gesehen oder erhalten zu
haben, ich habe jetzt lange danach gesucht, aber vergeblich:
in meinem Gedächtniss ist schlechterdings gar nichts davon geblieben.

Ich weiss nicht, ob ich Ihnen schon geschrieben habe, dass
ich, veranlasst durch eine Benachrichtiguug Wichmann's, zur
Bestimmung des Nadirpunkts anstatt des sonst gebrauchten Ocu-
lareinsatz (mit Einem Glase) ein doppeltes Mikroscop habe aptiren lassen. Es geht damit ganz vortrefflich, und zwar viel
besser bei Lampenlicht als bei Tageslicht. Es hat zugleich den
Vortheil, dass ich die Entfernung des Bildes des Verticalfadens
vom Verticalfaden selbst mit äusserster Schärfe messen kann.
Dieses Resultat, verbunden mit der so äusserst bequemen Art,
den Collimationsfehler zu finden (vermittelst des in derselben
Meridianebene befindlichen P.-J. u. des südlichen Meridianzeichens)
macht mir nun alles Nivelliren der Axe ganz entbehrlich, und
bekomme ich deren Neigung unabhängig von aller etwaigen
Ungleichheit in der Dicke der Zapfen.
Littrow ist am 13. d. von Stettin nach Petersburg gereiset,
und wird seine Rückreise über Altona, Göttingen und Gotha
machen. Ob seine Frau ihn begleitet, weiss ich nicht.
Darf ich meine Bitte, Ihre Briefe unfrankirt abzuschicken,
noch einmal wiederholen.

Stets der Ihrige

C. F. Gauss.

Göttingen, den 22. September 1849.

P. S. Ich habe so eben noch die oben erwähnte Zeichnung
wiedergefunden. Ohne Beschreibung ist sie mir aber grösstentheils unverständlich. Jedenfalls kann ich sie mit den in Ihrem
Briefe vorkommenden Aeusserungen gar nicht reimen. Ich sehe
nur so viel, dass ein unvollständiges Fernrohr einen Bestandtheil bildet, nämlich ein Fernrohr ohne Röhre und ohne Ocular,

also bloss ein Objectiv und eine Art Fadenkreuz, welches jedoch
mehr aus zwei sich kreuzenden breiten Streifen als aus Fäden
zu bestehen scheint. Die sich so ·bildende Gesichtslinie trifft
gegen einen 45° geneigten Spiegel, dem lateral eine Lampe ge-
geenüber steht. Auf welche Weise aber die optische Axe jenes
Quasifernrohrs horizontal gemacht wird, ist nicht zu erkennen.
Die Einrichtung scheint eben so sehr von Ihrem Collimator verschieden zu sein, als von Katers Floating Collimator. Ich kam
auf die Vermuthung, dass der Apparat wie ein Wagebalken
auf Messerschneiden hängt und unten einen in einer Flüssigkeit
spielenden Beruhigungsflügel hat. Aber auch so bleibt mir noch
der grösste Theil der Zeichnung unverständlich; vielleicht ist
nicht alles richtig dargestellt. Darunter steht Repsold's Collimator. Ich gestehe, dass ich von einer solchen Einrichtung
brauchbare Resultate kaum erwartet haben würde. Collimato-
ren, bei welchen irgendwie Libellen gebraucht werden müssen,
kann ich bei meinem Meridian-Kreise nicht wohl anwenden, weil
ihnen auf dem hölzernen Fussboden keine feste Aufstellung zu
geben ist, wenn Jemand daneben stehen muss. Ein Paar Floating collimators hingegen möchte ich wohl haben, ich scheue
nur die Ausgabe für das theure ☿, die Beschwerde dessen Ober-
fläche oft reinigen zu müsseu, und das lästige Tragen eines
grossen Gewichts. Der erste und dritte Uebelstand liessen sich
wohl heben, wenn man zwei eiserne Ansätze machte, die in
zwei durch einen engen Kanal verbundene ☿Reservoirs eintauchten.

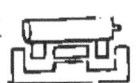 Ist die neuliche Zeitungsnachricht, dass
Jacobi'n sein Gehalt entzogen sei und er von
Berlin nach Gotha übersiedeln wolle, gegründet?
Eben so die, dass Therese ... (wenn ich nicht
irre, Tochter von ... und, wie ich höre, eine sehr beliebte Ro-
manschreiberin) mit einem holländischen Officier durchgegan-
gen ist?   T. T.

Ueber Petersen's Iriserscheinung kann ich nach der davon
gemachten Beschreibung auch nicht einmal eine Vermuthung
aufstellen.

Mein theuerster Freund!

Zuvörderst muss ich um Entschuldigung bitten, bei dem vorigen Briefe Ihren Befehl, nicht zu frankiren, vergessen zu haben, was diesen Brief betrifft, so musste er unter allen Umständen frankirt werden, da ich Sie um Rath bitte, und Sie doch den Rath nicht geben können, ohne die Acten durchgesehen zu haben.

Ich bitte Sie nämlich um Rath, ob ich das Einliegende drucken soll oder nicht? Ich bin weit entfernt, Ihnen eine gründliche Untersuchung aufzubürden; Alles, warum ich bitte, ist, ob Sie, wenn Sie die Papiere durchgesehen haben, der Meinung sind, dass ich es in den A. N. den Astronomen vorlegen darf, oder ob es auch nicht als Curiosum aufgeführt werden darf. Walker's zweiter Privatbrief scheint anzudeuten, dass ihm Zweifel aufgestiegen sind (use your own discretion), mir selbst ist es verdächtig, dass das Gesetz auf die primary Planets beschränkt sein und nicht für Satelliten gelten soll, und unangenehm, dass die Entfernungen in Meilen angegeben werden.

Ich möchte nicht gerne ein zweites Bode'sches (oder Titius-sches) Gesetz bekannt machen.

Glauben Sie dennoch, dass es gedruckt werden kann, so würden Sie mich sehr verbinden, wenn Sie mir 2 Zeilen angäben, die ich beisetzen kann.

In der nächsten Woche werde ich Ihnen die vorläufige Bestimmung des Factors von cos z senden, so gut ich sie aus meinen Beobachtungen machen konnte.

Ihr ewig dankbarer

H. C. Schumacher.

1849, Sept. 23.

Ich erbitte mir die Papiere natürlich unfrankirt zurück.

Da ich zur gründlichen Beantwortung Ihres Briefes, mein
theuerster Freund, längere Zeit brauche, um zu zeigen, dass ich
keine der von Ihnen erwähnten Vorsichtsmaassregeln versäumt
habe, und Sie mir durch den Verdacht ein wenig Unrecht thun
(ich meine ausdrücklich erklärt zu haben, dass keine Fehler-
quelle übersehen sei), so will ich nur gleich bemerken, dass
das Instrument, von dem Sie eine Zeichnung haben, durchaus
von dem gebrauchten Collimator verschieden ist. Der gebrauchte
Collimator ist ein Messing-Cylinder, der an dem einen Ende ein
Objectiv, an dem anderen ein Fadenkreuz hat, vor dem ein
mattgeschliffenes Glas zur Beleuchtung sitzt. Ein Ocular war
mir unnöthig, da ich nicht die optischen Axen zweier solcher
Instrumente parallel stellen wollte, kann aber, wenn es nöthig
seyn sollte, leicht angebracht werden. Repsold führte es nach
meiner Idee 1827 aus, und Struve, der das Instrument sowohl
als die damit gemachten Beobachtungen hier sah, hat es adop-
tirt, ohne mich zu nennen, und weil er zwei braucht, das Ocular angesetzt.

Ich habe Sept. 23, um den Coefficienten von cos z vortheilhaft zu bestimmen, angefangen, γ Draconis zu beobachten, was
wider Erwartung sehr gut zu gehen scheint. Die Beobachtungen
gehen von 5 Minuten vor bis 5 Minuten nach der Culmination.
Sie stehen (ohne Refr.) auf den Meridian reducirt so:

Kreis östlich　357° 59' 55",42　　Kreis westlich　2° 8' 38",92
　　　　　　　　　57, 33　　　　　　　　　　　　32, 05
　　　　　　　　　56, 75

Es kommt noch eine kleine positive Correction hinzu, weil
der Stern etwa ¾' von der optischen Axe eingestellt ist. Die
Reduction auf den Meridian ist natürlich nicht durch die gewöhnliche Formel gemacht, bei der sin $(\varphi - \delta)$ im Nenner vorkommt,
sondern durch directe Berechnung der Z.-D.

Für die Nachweisung der Stelle in Ihrem Meridian-Unter-
schiede u. s. w. danke ich bestens, aber sie klärt meine Ungewissheit, welche Wirkung der Schwere ich mir unter b cos ç
bei meinem Instrumente zu denken habe, nicht ganz auf. Mein

Instrument hat keine Gegengewichte, um die Wirkung der Schwere aufzuheben. Das Objectiv sitzt in einer conischen, bei 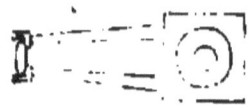 dem Würfel dickeren Röhre, die wohl zu bemerken, Repsold inwendig und auswendig mit der grössten Sorgfalt ausgedreht hat, so dass nirgends eine ungleiche Dicke anzunehmen ist. Wie bei einem solchen Instrumente sowohl ein negativer Coefficient für ein z, als ein Werth für b, der nicht null = 0 ist in b cos z herauskommen kann, ist mir schwer erklärlich.

Mit ... Tochter verhält es sich nicht ganz so, wie Sie gehört haben. Sie und ihr Mann wollten sich scheiden lassen, was aber hier Schwierigkeiten fand. H ... reisete darauf nach Petersburg, um es von dort aus zu betreiben, und soll, wie ich höre, darauf wirklich geschieden seyn. Ihr fällt wohl nur zu Last, dass sie zu schnell nach der Scheidung mit ihrem Liebhaber Herrn ... (der ein Mecklenburger oder Schlesier, aber kein Holländer seyn soll, indessen in Holländischen Militärdiensten in Batavia steht) nach Amsterdam, aber nicht heimlich, abreisete, wo das Paar sich, ehe es nach Batavia geht, copuliren lassen will. Sie ist eine geistreiche etwas excentrische Frau, und war unglücklich verheirathet. H ... ist körperlich und geistig = 0. Jacobi will wirklich nach Gotha gehen. Die Frau ist schon 3 Tage bei Hansen gewesen, um eine Wohnung zu wählen und zu miethen. In den Zeitungen habe ich blos seine Correspondenz mit dem Minister des Innern gesehen, die mit der Frage:

ob und wann es ihm seine Gesundheit wohl erlauben werde, nach Königsberg zurückzugehen?

anfängt, worauf er bemerkt, dass er nicht glaube, dass seine Gesundheit ihm dies jemals erlauben werde, und der Minister erwiedert, dass dann seine politischen Meinungen ihm wahrscheinlich nicht erlauben würden, ferner Wohlthaten vom Könige anzunehmen, aber nichts weiter.

Ich bedauere Hansen, denn Jacobi ist kein Mann, mit dem
man in Ruhe leben kann.

Ihr ewig dankbarer

H. C. Schumacher.

Altona, 1849. Sept. 26.

N° 1263. **Gauss an Schumacher.** [535

Theuerster Freund!

Ueber diejenige Classe von Entdeckungen, zu welcher die
kirkwood'sche gehört, habe ich schon vor langer Zeit meine Ansicht öffentlich ausführlich ausgesprochen. Götting. Gel. Anz.
1810 Nr. 179. Ich habe den Aufsatz jetzt wieder durchgesehen,
und erkenne darin auch meine jetzige Ansicht ganz wieder.

Was den gegenwärtigen Fall betrifft, so kann ich weder
zur Aufnahme des Artikels noch gegen dieselbe rathen, sondern
nur Herrn Walker darin beistimmen, dass diese nur von Ihrer
eignen Wahl abhängen muss. Wäre ich selbst Herausgeber
einer Zeitschrift, so würde ich ihn nicht aufnehmen; aber diess
ist für Sie im mindesten nicht maassgebend, und ich werde es
gar nicht missbilligen, wenn Sie ihn aufnehmen. Ob Sie eine
Bemerkung beifügen wollen, etwa in der Art,

> dass Sie hoffen, auch diejenigen, die Herrn Walkers An-
> sicht von der Bedeutsamkeit der kirkwood'schen Bemer-
> kung nicht theilen, werden die Aufnahme dieses Artikels
> nicht missbilligen, da jeder danach selbst beurtheilen
> könne, wieviel in der Zusammenstellung wirklich factisch
> und wieviel lediglich hypotetisch ist,

muss ich auch ganz Ihrem Ermessen überlassen. Wollen Sie
übrigens wissen, wie ich selbst über diesen Punkt urtheile, so
ist es diess. Für factisch kann nur gelten, dass α, θ so verstanden wie Hr. W. annimmt, die Werthe von

$$\frac{\theta\,\theta\,D^2}{a^3} \quad \text{oder} \quad \frac{\theta\,\theta}{\alpha^2}$$

bei Erde und Saturn dem Werthe bei Venus nahe kommen. Wenn anstatt dessen angenommen wird, dass sie alle drei gleich sind, so ist dies nicht mehr Thatsache, sondern Hypothese, für die man nur das Argumentum ab ignorantia hat, nemlich dass wir die betreffenden Elemente, (Massen und Rotationszeiten) theilweise nur in roher Schätzung kennen. Und alles Übrige ist schlechterdings bloss Hypothese.

Es kann bei solchen gewagten Hypothesen zuweilen der Fall sein, dass man sich von vorne her geneigt fühlt, ihre Wahrheit anzunehmen. So ist mir es bei mehrern Gesetzen gegangen, die die Wechselwirkungen zwischen magnetischen und galvanischen Strömen, Induction etc. betreffen, und die sich späterhin in den zahlreichsten und complicirtesten Consequenzen vollkommen bewährt haben. Bei jener Kirkwood'schen Hypothese habe ich ein solches Vorgefühl nicht, sondern das Gegentheil. Ein solches subjectives instinctartiges Urtheil auch andern ebenso plausibel zu machen, ist gewöhnlich schwer, oft unmöglich. Am besten ist's dann, jeden glauben zu lassen, wie er mag. Doch ist in dem gegenwärtigen Fall etwas, was glaube ich jedem leicht einleuchten wird. Nehmen Sie die gezeichneten Planete alle in einer Linie mit der Sonne; P der Punkt, wo Mars so stark hinauf wie Erde hinab zieht, und eben so P' bei Erde und Venus. Es ist dann die Entfernung P'P Kirkwood's Diameter der Wirksamkeit P für die Erde. Aber ist es nicht unsinnig, diese Begrenzung so anzunehmen, dass P durch den Mars bestimmt wird blos deswegen, weil er der nächste ist? Denn wenn Sie statt dieses P denjenigen Punct suchten, wo der Jupiter so stark hinaufzieht, wie die Erde herab, so würde dieser Punkt der Erde sehr viel näher liegen.

♃ .

Kkl .

♂ .

. ₀ P

☾ .

. P'

♀ .

Noch auffallender wird diess bei dem obern Begrenzungspunct des Mars Activitätssphäre, wenn man denselben durch

den noch unbekannten Planeten Kirkwood bestimmen lässt, da
♃ einen viel nähern geben würde.

Ich will ganz kurz noch einige Punkte bemerken.

1) Auf der dritten Seite des Walker'schen Briefs steht

$$x = 2\,\pi.\;a^{\tfrac{3}{2}}\,\theta\;:$$

während aus Formel IV auf Seite II folgt

$$x = \frac{2\,\pi\,a^{\tfrac{3}{2}}}{\theta}$$

diess letztere ist mit dem vorausgegangenen in Uebereinstimmung. Ob nun Walker's numerische Rechnung nach der falschen Formel

$$x = 2\,\pi.\;a^{\tfrac{3}{2}}\,\theta$$

geführt ist oder nach der wahren, weiss ich nicht, da
ich keine Zeit (aufrichtig gesprochen auch keine Lust)
zum Nachrechnen habe.

2) Was Laplace's Nebular hypothesis ist weiss ich
nicht bestimmt. In Herschels Outlines of Astronomy
London 1849 (welches mir eben von einem Buchhändler
zur Ansicht zugeschickt ist, werde ich durch das Register
auf (§) 872 verwiesen, wo sich aber keine Auskunft
findet, sondern eigentlich vorausgesetzt ist, dass man es
schon wisse. Hätte ich Zeit zum Suchen, so würde ich
wohl die eigentliche Quelle finden. Gemeint ist wohl
Laplace's Hypothese (die aber auch lange vor Ihm von
andern aufgestellt ist) dass die Planeten sich gebildet
haben durch die Concentrirungen in dem Chaos, welches
wie ein dünner Brei vorher den Raum erfüllte; es ist
mir aber nicht klar, wie Kirkwood's Hypothese eine Be-
stätigung der Laplace'schen bilden soll.[*])

3) Der Schluss von Walkers Brief ist auf eine sehr ver-
fängliche Art ausgedrückt, nemlich dass andere Leute

---

[*]) Nemlich, dass die Rotationszeiten von der Grösse der Wirkungs-
sphären abhängen. Ich dächte, viel natürlicher wäre es zwischen den
Massen selbst einen Zusammenhang mit der Grösse der Wirkungs-
sphären zuerwarten.

will perhaps admit that as a matter of **fact** it
is the most important etc.,

hätte er es so ausgedrückt

... werden zugeben, dass, insofern man es wie
eine Thatsache ansehen darf, etc.

so würde gerade nichts dagegen zu erinnern sein, als
dass noch klarer anstatt insofern gesetzt werden müsse
falls. Aber so wie Walker schreibt, soll gewisser-
massen als fact eingeschmuggelt werden, das Ganze, wo
das wirklich als factisch feststehende nur etwas sehr
unerhebliches ist.

4) Nach einem Briefe von Gould ist Kirkwood Schul-
lehrer in einem kleinen Ort in Pennsylvanien.

Für heute in grosser Eile schliessend.

Stets der Ihrige

C. F. Gauss.

Göttingen, den 28. September 1844.

Private.　　　　Cambridge, Marsch 1849. Aug. 28ᵗʰ

To

Prof. Schumacher

Dear Sir,

I enclose, the printed copy of Mrs. Daniel Kirkwood's letter
of July 4ᵗʰ. I have compared it with the original and correc-
ted it when it differed therefrom.

Please use your own discretion whether to publish it in
the Astr. Nachr. or not.

Your respf.

Jean C. Walker.

Nᵒ· 1264.   Schumacher an Gauss.   [729]

Mein theuerster Freund!

Vor Allem bitte ich um Verzeihung, wenn ich diesen Brief, trotz ihres ausdrücklichen Befehls noch einmal frankire. Ich kann Sie unmöglich mit dem Porto eines Briefes beschweren, der nichts enthält was möglicherweise für Sie von dem geringsten Interesse sein kann. Er soll Ihnen nur eine Anfrage bringen. Ich glaube nemlich, dass ich den meisten Lesern einen Gefallen erzeige, wenn ich sie, wenigstens mit der Existenz, der Kirkwood'schen Hypothese bekannt mache, und glaube, dass dies nicht missverstanden werden kann, wenn ich Ihre warnenden Worte, für die ich bestens danke, vorsetze. Aber noch weit interessanter und zugleich belehrend für die Leser würde es sein, wenn ich Ihre Betrachtungen über die Hypothese, ohne Sie zu nennen beifügen dürfte. Ich würde Sie blos als „einen Freund, dessen Urtheil von dem grössten Gewichte ist" bezeichnen, und Alles, was nicht für das Publikum geschrieben ist, auslassen, oder umändern, z. B. würde ich statt Union, setzen — „man sucht einen Grund", und die Stelle über das Einschmuggeln des matter of fact, dahin verändern, — „Herr Walker meint unstreitig nur etc. was deutlicher ausgedrükt wäre, wenn er so und so", — gesagt hätte."

Ist Ihnen diese Veröffentlichung ihres Briefes aus irgend einem Grunde aber nicht genehm, so nehme ich augenblicklich meine Bitte zurück.

Ihr ewig dankbarer

H. C. Schumacher.

Altona, 1849. October 1.

N. S. Die nebular hypothesis ist unstreitig Laplace's Hypothese deren Sie erwähnen. Ob diese Hypothese schon früher aufgestellt sei, weiss ich nicht bestimmt, es ist aber sehr leicht möglich.

No 1265.   Schumacher an Gauss.   [730

Von Gould, mein theuerster Freund, ist eine schon im
Frühjahre angekündigte Sendung angekommen von der heute
zwei kleine Kisten Cigarren für Goldschmidt, an ihn durch
Dr. Petersen abgesandt sind, denen ein kleines Packet unter
Ihrer Adresse beigelegt ist. Es waren eigentlich 3 Kistchen
Zigarren für Goldschmidt, die eine ist aber, da Alles nur in
Papier gepackt, und wahrscheinlich auf der langen Reise rauh
behandelt ist, zerbrochen, und die Zigarren darin, so wie einige
für mich bestimmte Artikel verdorben. Ich melde dies in diesen
Tagen an Gould und bezweifle nicht, dass er dem Dr. Goldschmidt seinen Verlust ersetzen wird. Die Sendung ist freund-
lich gemeint, kann aber für mich kostbarer werden als sie vielleicht werth ist. Der Mann hat mir nämlich angezeigt, dass
das Schiff Havarie gemeint, und ich ihm ausser der Fracht noch
Seeschaden bezahlen müsse.

Nach genaueren Erkundigungen, die ich eingezogen habe,
hat die Dame nach der Sie fragten, da bei der Ehescheidung
immer neue Schwierigkeiten gemacht wurden, nicht die Scheidung abwarten wollen, und ist vorher abgereiset, um sich
mit ihrem Neuerwählten sonst wo zu verheirathen. Andere
meinen, dass dies in Einverständnis mit ihrem früheren Ehe-
mann geschehen sei, da wenn er nach diesem Schritte, ob deser-
tionem malitiosam klagt, der Scheidung nicht mehr im Wege
stehen kann.

Ihr ewig dankbarer

H. C. Schumacher.

Altona, 1849. November 1.

No 1266.   Gauss an Schumacher.   [536

Theuerster Freund!

Gegen eine Veröffentlichung meiner Bemerkungen über die
Kirkwood'sche Entdeckung in der von Ihnen proponirten Form,

d. i. unter Andeutung eines ungenannten Urhebers habe ich doch
Bedenken. Ich habe einen grossen Widerwillen dagegen, in
irgend eine Polemik gezogen zu werden, ein Widerwille, der
mit jedem Jahre vergrössert wird aus ähnlichen Gründen, wie
diejenigen, die Göthe in einem Briefe an die Frau von Wölzogen
vorträgt (S. der letztern literarischen Nachlass I. Bd. S. 445).
Möglicherweise könnten Erwiderungen Statt finden, auf die vielleicht von dem Urheber jener Bemerkungen Antwort erwartet
werden könnte, wozu ich aber keine Lust habe. Uebrigens aber
können Sie von jenen Bemerkungen, so weit Sie selbst ihre
Richtigkeit anerkennen und vertreten wollen, jeden beliebigen
objectiven Gebrauch machen.

Von der Nebular hypothesis fand ich gleich nach Absendung meines letzten Briefes die Quelle, und wie ich glaube
einzige Originalquelle, in Laplace Exposition du système du
monde. Ich besitze davon drei Ausgaben, die zweite von 1799,
die 4. von 1813, und die letzte in der Ausgabe der Werke.
Bisher hatte ich die Hypothese nur in jener Ausgabe von 1799
gelesen und zwar auch nur vor sehr langer Zeit. Es ist interessant zu sehen, wie sehr die verschiedenen Ausgaben differiren.
In der Ausgabe von 1813 ist alles sehr viel ausführlicher und
vermehrter. In der letzten hingegen scheint manches wieder
weggeschnitten zu sein, (falls es nicht vielleicht an einen andern
Platz gesetzt ist). Am auffallendsten war mir dies Weglassen
in Beziehung auf eine In den frühern Ausgaben befindliche Passage

> Quoiqu'il en soit de ces conjectures sur la formation
> des étoiles et du système solaire, conjectures que je
> présente avec la defiance que doit inspirés tout ce
> qui n'est point un resultat de l'observation ou du
> calcul etc.

Die Vermehrungen in der 4. Ausgabe verglichen mit der 2.
sind vermuthlich grösstentheils erst bei jener hinzugekommen.
Denn von der 3. (die ich jezt nicht zu Händen habe) habe ich
1808 eine Recension in der G. G. A. gegeben, wobei mein
Hauptaugenmerk war die erheblichsten Veränderungen gegen die
2. hervorzuheben, und in Beziehung auf jene cosmogenische
Hypothese finde ich in jener Recension nichts bemerkt. Vielleicht habe ich es auch nur deswegen übergangen, weil ich der

ganzen Hypothese kein grosses Interesse abgewonnen hatte.
Will man einmahl Hypothesen machen, so ist die Laplace'sche
immer noch eine solche, gegen die am wenigsten zu opponiren
ist. Einige mathematische Irrthümer, die Laplace in einem Aufsatze der Connais sance des tems 1816 im Zusammenhange mit
jener Hypothese begangen hatte, habe ich in meiner Recension
G. G. A. 1815 Stück 40 bemerklich gemacht.
Irre ich nicht, so will man 2 Trabanten bei Neptun bemerkt haben. Ueber den einen glaube ich eine Nachricht in
den A. N. gefunden zu haben, was ich aber nicht gleich auffinden kann. Wo finde ich Nachricht über den andern?

Stets der Ihrige

C. F. Gauss.

Göttingen, 4. October 1849.

N° 1267.   Gauss an Schumacher.   [537

Meyerstein benachrichtigte mich diesen Vormittag, dass er
diese Nacht nach Hamburg reise, und erbot sich, was ich ihm
mitgeben wolle, zu besorgen. Wir verabredeten, dass ich bis
Nachm. 3ʰ ihm ein Packetchen an Sie fertig machen wolle.
Seitdem bis jetzt habe ich auch nicht Eine Minute frei gehabt,
und ich kann also mit meinen herzlichen Wünschen für Ihr
Wohlbefinden nur noch ein Exemplar meiner letzten Druck-
schrift (Vorlesg. an meinem Jubiläumstage war ein Auszug daraus) übersenden. Nehmen Sie es friedlich auf und entschuldigen Sie, dass es roh ist, da die Zeit nicht verstattet, eines bin-
den zu lassen. Ich habe meine Freiexemplare erst vor ein Paar
Tagen erhalten.

Stets der Ihrige

C. F. Gauss.

Göttingen, 2. November 1849,
2¾ Uhr.
Eiligst.

Ich habe, mein theuerster Freund, Ihnen heute eine merkwürdige Stelle aus einem Briefe von Carlini mitzutheilen, nachdem ich in ein paar Worten die Veranlassung des Briefes mitgetheilt habe.

Jacobi liess mich durch Hansen ersuchen, Carlini's Abhandlung wieder abzudrucken, weil sie so wenig bekannt *) und doch so trefflich sei. Ich glaubte, dies nicht thun zu dürfen, ohne die Einwilligung des Verfassers zu haben, und schrieb deshalb an ihn.

Er antwortet mir:

„Je suis très reconnaissant de la bonté que vous avez eu (e) de me prévenir du désir que vous a montré Mr. Jacobi de faire réimprimer mon Mémoire sur le problème de Kepler. Je vous avoue que puisque Mr. Jacobi (y) a noté des erreurs assez graves, j'aimerais que cet essai de ma jeunesse restât oublié, et il me semble que pour donner une bonne théorie de la convergence des séries (véritable complement de l'analyse moderne) il n'a pas besoin (besser, on n'ait pas besoin) du faible appui de mes calculs. Mais si je me trompe en cela, je ferai de bon gré ce sacrifice de mon amour propre au progrès de la science. En ce cas je désire que mon Mémoire soit publié en allemand, non seulement pour éviter les fautes d'impression, mais encore parcequ'il me parait que les arguments mathématiques gagnent beaucoup étant exprimés dans cette langue éminemment philosophique."

Das ist ein offenes Bekenntniss eines Italiäners, der eine in seiner Muttersprache geschriebene Abhandlung lieber deutsch abgedruckt haben will. Ihre letzte Abhandlung bei dem Jubi-

*) Sie steht in den Effemeridi di Milano, ich glaube, für 1818.

läum ist übrigens ein schlagender Beweis der Richtigkeit seiner Behauptung.

Ihr ewig dankbarer

H. C. Schumacher.

Altona, 1849. Nov. 29.

N°· 1269. &auss an Schumacher. [538]

Ich habe Ihnen, mein theuerster Freund, noch meinen besten Dank abzustatten für das vor einigen Wochen erhaltene Supplementheft der Astronomischen Nachrichten. Ohne Zweifel bin ich auch für den Empfang der Schrift des Hrn. Peters über die Fixsternparallaxen Ihrer gütigen Vermittlung verpflichtet. Da Sie mit letzterm (dessen gegenwärtigen Aufenthalt ich zur Zeit nicht weiss) wahrscheinlich in fortwährendem Briefwechsel stehen, so bitte ich um vorläufige Bezeugung meiner Dankbarkeit für dies schätzbare Geschenk.

Das Exemplar meiner letzten Abhandlung, welches Meyerstein bei seiner Reise nach Hamburg an Sie zu übergeben übernahm, ist hoffentlich richtig in Ihre Hände gekommen: er sagte mir nach seiner Rückkehr, dass er abgehalten sei, Ihnen selbst aufzuwarten, dass er aber das Packet Ihnen vor seiner Abreise von Hamburg zugesandt habe. Jedenfalls schliesse ich aus Ihrem gütigen Urtheil über die Sprache, dass Sie diese Schrift schon in irgend einem Exemplar haben.

Inwiefern Carlini's allgemeines und Ihr specielles Urtheil ganz zutreffend ist, habe nicht ich zu beurtheilen. Gestrebt habe ich nach einer durchsichtigen Klarheit. Auch stelle ich nicht in Abrede, dass bei mehreren Stellen dieser Arbeit mir fühlbar geworden ist, dass ich denselben Gedanken in einer andern Sprache nicht eben so prägnant und adäquat hätte ausdrücken können. Aehnliches Bewusstsein habe ich auch bei manchen meiner früheren Arbeiten gehabt, so wie umgekehrt, in den Zeiten, wo ich die meisten meiner Arbeiten lateinisch zu schreiben hatte, ich sehr oft den mir vorschwebenden Gedanken erst lange hin und her wenden musste, bis ich eine einigermassen genügende und doch oft keineswegs mich ganz befriedigende Wendung gefunden hatte. Doch kommt dergleichen nie vor, so lange man sich bloss im rein mathematischen (ich möchte sagen im technisch-mathematischen) Felde bewegt, sondern hauptsächlich, wo nun den Gegenstand und das Charakteristische seines Wesens aus einem höheren gleichsam, philosophischen — wie Lagrange zu sagen pflegte metaphysischen — Standpunkte betrachtet. Bei der in Rede stehenden Carlinischen Abhandlung möchte ich glauben, dass sie ohne Schwierigkeit gleich gut in jeder Sprache geschrieben sein könnte.

Wenn übrigens, was ich von meinen eignen Erfahrungen sagte, nicht in meiner zu geringen Gewalt über andere Sprachen, sondern in dem eigentlichen Charakter der deutschen Sprache, andern gegenüber, seinen Grund, also Carlini Recht haben sollte, so würde dies doch nicht mehr auf eine Uebersetzung in's Deutsche passen, die, so lange sie bloss Uebersetzung bleibt, und nicht gleichsam selbstschöpferische Umarbeitung wird, nicht mehr wiedergeben kann, als was sie vorfindet. Jedenfalls ist Carlini's anerkennendes Urtheil jetzt um so angenehmer, da uns immer so viel von dem allgemeinen Hass der Italiener gegen die Deutschen vorgesprochen wird.

Ueber die Sache selbst nemlich die Convergenz der Reihe für die Mittelpunktsgleichung, kann ich für jetzt mich nicht weiter auslassen. Da ich, lange vor 1817 (wo ich Carlinis Abhandlung in den Effem. für 1818 erhielt) die Aufgabe selbst auf eine ohne allen Vergleich kürzere Art aufgelöst hatte, so habe ich damals diese Abhandlungen eben so wie jetzt Jacobis Aufsatz nur ganz flüchtig angesehen, und nachdem ich in jener die Uebereinstimmung des Hauptresultats mit dem meinigen bemerkt hatte, nicht weiter gelesen; daher war das von Jacobi jetzt gerügte Versehen von mir nicht bemerkt.

Stets der Ihrige

C. F. Gauss.

Göttingen, 4. December 1849.

No 1270.   Schumacher an Gauss.   [792

Meyerstein hat mir richtig Ihre Abhandlung, mein theuerster
Freund, zugesandt, und ich bringe Ihnen meinen herzlichsten,
wenn auch verspäteten Dank. Hoffentlich hat der Buchhändler
diessmahl mehr Exemplare, wie bei einigen Ihrer früheren Abhandlungen, abdrucken lassen. Es sind wie ich von Dr, Peters
erfahre, (der jetzt Professor der Astronomie in Königsberg ist)
aus Königsberg allein 3 Exemplare bestellt, von ihm, Richelot
und Luther, die alle 3 etwas ungeduldig erwartet werden,

Peters schreibt mir, dass Luther sich jetzt mit der Theorie
der algebraischen Gleichungen beschäftigt und gefunden habe,
dass die Resolvante der Gleichung des 6. Grades, sich auf eine
Gleichung des sechsten Grades bringen lasse.

. . . .
. . . .
. . . .
. . . .
. . . .
. . . .
. . . .
. . . .
. . . .

Wegen der Uebersetzung der Carlinischen Abhandlung bin
ich eben deswegen besorgt, weil Carlini zu erwarten scheint,
dass sie im Deutschen klarer und schärfer gehalten ausfallen
werde, als im Italiänischen, was, wenn sie nur übersetzt und
nicht geändert werden soll, nicht wohl möglich ist. Zu dem
letztern bin ich aber weder befähigt noch befugt, ich muss also
etwas machen, was wahrscheinlich Carlini nicht befriedigt. —
In Gottes Namen!

Wenn ich nicht wüsste wieviel Zeit Ihnen die letzte Feile
Ihrer Arbeiten kostet, so würde ich um ihre Abhandlung bitten,
da ich dies aber weiss, bin ich weit entfernt darum zu bitten,
zumal da das Resultat schon gefunden ist, und nur die Art wie
Sie das Problem behandeln, Interesse haben könnte. Es sind

nur pia desideria denen man unter Freunden wohl einmal erwähnen darf.

Zugleich mit Ihrem Briefe erhielt ich einen 7 Quartbogen
dicken Brief von einem Professor Alexander in Amerika. Es ist
so viel ich sehen kann (in einem flüchtigen Blicke sehen kann)
eine Modification der berüchtigten Bode'schen Gesetze. Wahrscheinlich hat Herr Alexander bemerkt, das Mercur nicht in dies
Gesetz passt, und rechnet deshalb die Entfernungen nicht vom
Centralkörper ab, sondern von anderen Puncten, die er limits
nennt. Sie sind jetzt in Amerika sehr beschäftigt empirische
und auf Hypothesen gegründete Entdeckungen im Sonnensystem
zu machen.

Encke hat mir auch seine Modification Ihrer Methode gesandt die in der dritten Nummer des 30. Bandes erscheinen und
etwa zwei Nummern einnehmen wird.

Ihr ewig dankbarer

H. C. Schumacher.

1849. December 5. Abends.

N? 1271. **Gauss an Schumacher.** [539

Ich kann nicht unterlassen, eine Unrichtigkeit die sich in
den Schluss meines letzten Briefes eingeschlichen·hat sogleich
zu berichtigen. Ich schrieb diesen Schluss bloss nach dem was
ich von Jacobi's Aufsatz seit März 1849, nach damals nur flüch-
tiger Ansicht im Gedächtnisse hatte oder zu haben glaubte, indem ich denselben gar nicht selbst wieder nachsah.

Ich glaubte nemlich, in Jacobi's Aufsatz stehe, dass Carlini
die Convergenz für die Mittelpunktsgleichung richtig, aber für
den Radius Vector falsch angegeben habe, auch die Formel
selbst hatte ich nur ihrer Form nach im Gedächtnisse und meinte
dass sie mit meiner vor 40 oder mehrern Jahren übereinstim-
mend gewesen sei. Das Wahre ist, dass meine Convergenz-
formel mit der von Jacobi übereinstimmt, nemlich wenn ε die
Excentricität, e die Basis der hyp. Log. bedeutet, so convergiren
die Coefficienten jener Reihe langsamer als jede fallende geo.
metrische Progression deren Exponent kleiner ist als

$$\frac{s\,e^{\sqrt{(1-ss)}}}{1+\sqrt{(1-\varepsilon\varepsilon)}} \quad \text{oder als } \operatorname{tang} \tfrac{1}{2}\,\varphi\cdot e^{\cos q} \quad (\text{wenn } \varepsilon = \sin \varphi)$$

aber etwas schneller als die geometrische Progression deren Exponent dieser Grösse gleich ist.

Geirrt habe ich also mich gestern ohne Zweifel*), indem ich sagte, dass ich 1817 Carlini's Abhandlung nur bis dahin angesehen habe, wo die Uebereinstimmung in der Hauptsache (s. oben) hervorgetreten sei. Ohne Zweifel habe ich sie damals gar nicht näher angesehen, weil ich keine Lust hatte eine 48 Seiten lange Abhandlung durchzulesen, die durch höchst verwickelte Rechnung eine Aufgabe auflösen sollte, die ich selbst (so weit es nöthig) schon lange vorher auf einer halben Octavseite aufgelöset hatte.

Ich glaube mich übrigens bestimmt zu erinnern, dass ich damals, als ich meine Auflösung gefunden hatte (ich meine, in einem der ersten Jahre dieses Jahrhunderts) ich sogar die Richtigkeit jener Convergenzbestimmung durch einen Fall in Concreto bei einer grossen Excentricität constatirt habe, worüber sich vielleicht noch ein Papier wird auffinden lassen.

So viel heute in Eile, weil es mir unangenehm war, Ihnen gestern etwas unrichtiges aus dem Gedächtniss geschrieben zu haben.

Der Ihrige

C. F. Gauss.

Göttingen, 6. December 1849.

1272. **Schumacher an Gauss.** [783]

Aus meiner Verlegenheit mit Carlini's Abhandlung bin ich jetzt heraus. Als ich Ihnen den ersten Brief schrieb, schrieb ich zugleich an Jacobi und ersuchte ihn sie zu übersetzen. Bei

---

*) Ohne Zweifel sage ich, weil ich in diesem Augenblick Carlini's Abhandlung nicht selbst nachgesehen habe, sondern bloss flüchtig den Jacobi'schen Bericht.

meinem zweiten Briefe an Sie, hatte ich noch keine Antwort
von Jacobi und entschloss mich also selbst die Sache anzu-
greifen. In der That habe ich auch schon etwa einen Postbogen
übersetzt. Gestern Abend bekam ich einen Brief von Jacobi,
dass er Sonntag den 16. auf 3 Wochen nach Gotha ginge, und
dort die Uebersetzung machen wolle. Es wären 3 Wochen die
er ruhig habe, nachher „würde es für ihn vielleicht nicht mehr
möglich sein“ (stehen etwa neue Unruhen bevor?). Er will aber
nicht allein übersetzen sondern auch verbessern, und ist sehr
ungehalten mit Carlini, dass er diese Arbeit eine Jugendarbeit
nenne (ich hatte ihm denselben Auszug aus Carlini's Briefe mitgetheilt, den ich Ihnen sandte), als hätte er jemals wieder etwas
ähnliches gemacht. Es sei ohne Zweifel, dass Laplace sich
sein ganzes Leben mit der Aufgabe gequält habe ohne sie lösen
zu können. Er kenne die Schwierigkeit, da er dazu ganz neue
Methoden habe schaffen müssen, die er mir, so wie er Zeit habe,
senden werde, und Dirichlet der in ähnlichen Dingen der erste
Meister sei? habe die Aufgabe auch nicht lösen können.

„Aehnlich habe ich mich über Hamilton geärgert,
dem ich über seine neue Methode (Princip?) in Dynamics
ein Compliment machte, die das wichtigste ist, was seit
100 Jahren in England mathematisches gemacht worden,
und der auch vornehm thun wollte, und mir sagte: er
hätte sie schon wieder vergessen.“

Ich muss Ihnen noch den Schluss der Periode abschreiben,
weil das, was ich unterstrichen habe, gar zu naiv ist:

„wodurch er mir zeigte, dass er, bei allem Talent ein
. . . . ist, was auch angeht.

Nach dem, was Sie mir über Ihre kurze Auflösung mit-
theilten, scheint Jacobi (wie Sie einmal von Dessel sagten) den
Wald vor lauter Bäumen ebensowenig wie Dirichlet gesehen zu
haben, und ich bekenne, dass ich grosse Lust hätte, ihm Ihre
zierliche Auflösung und die Zeit seit der Sie sie haben, mitzutheilen, aber ich thue natürlich nichts ohne Ihre Erlaubniss.

Das, was Sie am Ende Ihres ersten Briefes über Carlini's
Abhandlung sagen, erkannte ich sogleich als eine Verwechslung
beider (Carlini's und Jacobi's) Arbeiten. Sie hatten Carlini's

Aufsatz, weil Ihnen das Resultat schon bekannt war, nicht genauer, angesehen, und Jacobi hatte das richtige Resultat gefunden.

Ihr ewig dankbarer

H. C. Schumacher.

1849. December 10.

No 1273.   Schumacher an Gauss.   [734

Jacobi hat mir jetzt seine Uebersetzung der Carlini'schen
Abhandlung gesandt, von der ich nicht weiss, ob Carlini damit
zufrieden sein wird, obgleich er, wenn Sie nicht etwa die Uebersetzung hätten machen wollen, schwerlich einen ausgezeichneteren
Uebersetzer hätte finden können. Es scheint mir nemlich die
sogenannte Uebersetzung eher eine Umarbeitung zu sein. Die
Fehler in den Zeichen machten allerdings einige Umarbeitung
nöthig, aber es ist nicht bei einigen geblieben, und ausserdem
ist die Annäherung auf eine höhere Ordnung fortgeführt, wobei
denn freilich Carlini es als eine tröstende Genugthuung betrachten kann, dass die neuen Glieder sich gegenseitig zerstören.
Ebensowenig werden die Worte in der Einleitung:

> obgleich diese Abhandlung von zahlreichen Fehlern ent-
> stellt ist, und ihre Resultate falsch sind,

gefallen, aber — tu l'as voulu, George Dandin!

Aus Ihrem Stillschweigen, mein theuerster Freund, auf
meine Anfrage schliesse ich, dass Sie mit meinem Wunsche
nicht einverstanden sind. Vielleicht hatte ich Unrecht, aber
ganz kann ich mich noch nicht überzeugen. Eine kleine Correction des jetzigen übermüthigen Selbstvertrauens scheint mir
mitunter sehr heilsam. Ich unterwerfe mich indessen ganz Ihrem
Urtheile.

Jacobi meldet mir zugleich, dass er wahrscheinlich Ostern
nach Wien geht, wohin er einen ehrenvollen und vortheilhaften
Ruf von dem Grafen Thun erhalten hat. Uebrigens, fügte er
hinzu, scheine man ihn in Berlin wieder in sein früheres Gehalt

setzen zu wollen. Er sagt nicht, ob dies mit dem Rufe nach
Wien zusammenhängt, oder nicht.

.... hatte Listings Chronometer hier, den Kessels
repariren sollte. Ich schlug ihm Kessels Nachfolger Krille vor,
der überhaupt wohl wenig Kessels nachsteht, und Reparaturen
weit fleissiger und besser besorgt, als Kessel es in den letzten
Jahren that, wo er etwas zu bequem ward. ...., meinte,
Sie hätten in Göttingen einen Uhrmacher der es ebenso gut
machen könne, worauf. ich nichts erwiederte. Um dies anzu-
erkennen oder zu bestreiten muss man offenbar beide Künstler
kennen, und .... kannte ebenso wenig Krille, wie ich
den Göttinger Urmacher kannte.

So viel ich sehen konnte, fehlte der Uhr nichts, als frisches
Oel. Der Balancier machte nur ⅜ Schwingung statt H die er
wenigstens machen muss, was Verdickung des Oels anzeigte,
wodurch die freie Bewegung gehindert wird. Es war, wie ich
vermuthe, ein Fehler, dem Krille in einer halben Stunde hätte
abhelfen können.

Der Gang war natürlich schlecht.

1840	Dec.	21	− 3."3
	„	22	− 2, 2
	„	23	− 1, 7
	„	24	− 0, 3
	„	25	− 1, 6
	„	26	− 2, 6
	„	27	− 2, 1
	„	28	+ 7, 5
	„	29	− 0, 2
	„	30	− 3, 0
	„	31	+ 1, 1

Da die Uhr unter den vermutheten Umständen nur durch
ferneres Gehen, an den Zapfen gelitten hätte, so zog ich sie im
neuen Jahre nicht mehr auf.

Ihr ewig dankbarer

H. C. Schumacher.

Von meiner Methode, den Grad der Convergenz der nach
den Cosinus und Sinus der Vielfachen eines Winkels fortschrei-
tenden eine beliebige periodische Function ausdrückenden Reihe
zu bestimmen, habe ich noch eine numerische Rechnung, welche
sich auf ein Beispiel der Mittelpunktsgleichung bezieht, aufge-
funden, welches Blatt wohl 50 + Jahre alt sein mag. Die Methode leistet aber viel mehr, als blos einen genäherten Ausdruck
für ein sehr weit vom Anfange entferntes Glied zu finden; sie
ist auch geeignet, alle Glieder bis zum Anfang selbst hin,
numerisch zu berechnen, und zwar mit aller zu wünschenden
Schärfe. · In dem Maasse ist jenes Beispiel damals nicht durchgeführt., was jetzt zu ergänzen mir die Zeit fehlt. Bei weitem
mehr Zeit wird aber erfordert werden, um die ganze Theorie
in einer mir selbst genügenden Gestalt*) auszuführen. Ich bin
nicht abgeneigt, eine mir zu Theil werdende Musse dazu zu verwenden, möglicherweise wird aber die Arbeit dann einen grössern
Umfang erhalten, als sich für Aufnahmen in die A. N. eignet.

In der Augsburger Zeitung las ich vor einigen Tagen, dass
Jacobi einen Ruf an die Wiener Universität erhalten und angenommen habe. Als Quelle war die Vossische Zeitung angegeben, die ich selten lese, und wovon das betreffende Blatt
schon weggenommen war.

Der hiesige Uhrmacher Menzer ist ein geschickter Mann,,.
der mein Chronometer wohl schon 3 oder 4 mal gereinigt, auch
sonst kleine Reparaturen daran gemacht hat. Nach der durch
ihn beschafften Reinigung ging das Chronometer wenigstens eben
so gut, oder eher besser, als früher ein oder einige mahle nach
einer durch Kessels ausgeführten Reinigung. Vielleicht liess

---

*) Sie sind ganz im Irrthum, wenn Sie glauben, dass ich darunter nur
die letzte Politur. In Beziehung auf Sprache und Eleganz der Darstellung verstehe. Diese kosten vergleichungsweise nur unbedeutenden
Zeitaufwand; was ich meine, ist die innere Vollkommenheit. In
manchen meiner Arbeiten sind solche Jncidenzpunkte, die mich jahre-
langes Nachdenken gekostet haben, und deren in kleinem Raum con-
centrirter Darstellung nachher niemand die Schwierigkeit anmerkt, die
erst überwunden werden muss.

letzterer dergleichen Arbeiten nur durch Lehrburschen machen.
Sie sind so zu Hause in englischer Sprache und englischen
Einrichtungen, dass ich einige bei der Lecture von Bells neuester
Novelle (Shirley) mir aufgestossene Zweifel wohl am besten
durch Sie gelöset erhalten kann. Was ist der Unterschied
zwischen Vicar und Curate, und welches ist ihr Verhältniss zu
dem Oberpfarrer (Rector)? Die verschiedenen mir zu Gebote
stehenden Wörterbücher sind über jenen Punkt mit einander im
Widerspruch.

Haben Sie mit Kellner's (in Wetzlar) Orthoskopischen Ocu-
laren schon Proben angestellt, und wie finden Sie dieselben?

Stets der Ihrige

C. F. Gauss.

Göttingen, 5. Februar 1850.

N° 1275.   Schumacher an Gauss.   [735

Es war nicht bei meiner Hitte beabsichtigt, Ihnen, mein
theuerster Freund, eine Mühe aufzubürden. Sie schrieben mir,
dass sich das Wesentliche Ihrer vor langer Zeit gebrauchten
Methode auf einem Octavblatte fassen lasse, und so konnte ich
den Wunsch, dies bekannt machen zu dürfen (etwa beiläufig in
einem Briefe) nicht unterdrücken, du wirklich die Anmaassungen
einiger jetzigen Mathematiker, wenn sie sich auch hüten, sie
direct auszusprechen, eine Züchtigung wünschenswerth machen,
die, wie ich glaubte, am geeignetsten durch eine flüchtige ge-
legentliche Hinweisung auf das, was schon seit langer Zeit gemacht sei, ihnen ertheilt werden könne. Wollen Sie ihre Untersuchung in einer vollendeten Ihnen genügenden Form geben,
so müssen die Herren noch dazu bei der Züchtigung schweigen,
und dürfen nicht, wie unartige Kinder gegen die Ruthe an-
schreien. Ob Ihre Arbeit in dieser Form für die A. N. geeignet
sei, oder richtiger, ob die A. N. die Ehre verdienen, dass sie
in ihren Spalten erscheine, muss ich Ihrer Entscheidung überlassen. Dass ich mein Journal, das ich in diesem Augenblicke
mit meinen letzten pecuniairen Kräften aufrecht zu erhalten

suche, gerne durch Ihre Mittheilungen geehrt sähe, ist ein zu natürlicher Wunsch, um ihn verschweigen zu müssen; von der andern Seite bin ich aber nicht so unbescheiden, Ihren Entschluss durch diesen Wunsch bestimmen zu wollen. Nur das Einzige darf ich vielleicht bemerken, dass die Ausdehnung des Aufsatzes wohl kein Hinderniss sein kann, da sie es bei anderen in den A. N. ubgedruckten Aufsätzen, deren Werth zu dem Ihrer Arbeiten in gar keinem Verhältnisse steht, nicht gewesen ist. Jacobi ist nach der Börsenhalle von dem Grafen Thun mit 4000 fl. C.-M. Gehalt, Entschädigung für Wohnung und eventueller Pensionirung unter der Voraussetzung von jetzt schon verleblen 20 Dienstjahren nach Wien an die Universität berufen. Er selbst hat mir in seinem Briefe die Bedingungen nicht speciificirt, sondern begnügt sich, sie ehrenvoll zu nennen. Aus dem heutigen Mercur ersehe ich, dass man Thuns Abgang vermuthet, und so weiss ich nicht, ob aus der Uebersiedelung etwas wird, zumal du man ihm, wie er selbst schrieb, und wie ein Dr. Friedländer aus Berlin, der mich in diesen Tagen besuchte, bestätigte, die entzogenen tausend Thaler des Gehaltes, aus der Staatskasse wieder geben will, wenn er in Berlin bleibt. Von Dr. Friedländer erfuhr ich auch, dass er seine Bearbeitung des Diophants fast vollendet habe, und dann Lehrbücher schreiben wolle.

Encke hat mir einen Brief geschrieben, der eigentlich nichts als was er zur Lösung der Aufgabe: „eine Primzahl von beliebiger Grösse anzugeben:" gefunden zu haben glaubt. Da er das freundliche Verhältniss kennt, in dem ich zu Ihnen stehe, und sehr wohl weiss, dass ich mich nicht mit der Zahlentheorie beschäftige, so kann ich seinen Brief nur durch den Wunsch erklären, dass ich ihn Ihnen mittheilen soll, was er vielleicht nicht direct Ihnen mag, da er wohl Zweifel an der Ausführbarkeit seiner Methode nicht unterdrücken kann. Ich erwarte Ihre Befehle ob Sie ihn sehen wollen, oder nicht.

Was ich über .... schrieb, sollte kein Mistrauen gegen Herrn Merzer ausdrücken, von dem ich nichts wusste. Es amüsirte mich nur, dass .... die Behauptung, Merzer mache es ebenso gut wie Krille aufstellte, ohne etwas von Krille's Geschicklichkeit zu wissen, und dass es ihm nicht einfiel, dass man, wenn man zwei Künstler vergleichen will, beide kennen müsse. Kessels war allerdings in der letzten Zeit zu bequem, oder vornehm geworden, um Chronometer, die er nicht gemacht hatte, sorgfältig zu behandeln, auch habe ich, seit Krille hier ist, diesem mit Vortheil das Reinmachen der nicht von Kessels gemachten Chronometer übertragen, und dem Verstorbenen nur das Reinmachen seiner eigenen Chronometer überlassen.

Soviel ich weiss, besteht die Englische Hierarchie aus Bischöfen, Rectoren, Curaten und Vicaren. Die Bischöfe haben die Oberaufsicht über ihr Bisthum, die Rectoren, über die Curaten und Vicare in ihrem Sprengel (etwa wie unsere Superintendenten in Ländern wo auch Generalsuperintendenten sind). Die Bischöfe werden von der Regierung ernannt, die Rectoren und Curaten aber von den grossen Grundbesitzern (auch von den beiden Universitäten) auf deren Lande die Rectorys oder Pfarrkirchen liegen. Die Vicare werden aber nur von den Curaten privat angestellt, entlassen und bezahlt, so wie hier alte kränkliche Prediger Candidaten als sogenannte Praedicanten engagiren. Es kann nämlich in England ein Mann mehrere Cures haben, wo er dann für die, denen er selbst nicht vorstehen kann, Vicare annehmen muss. Ich glaube, dass das eben gesagte im Ganzen richtig sein wird, ich schreibe aber noch in dieser Woche an Sheepshanks (er ist Reverend) und erbitte mir von ihm genauere Nachrichten.

Ihr ewig dankbarer

H. C. Schumacher.

1850. Februar 10.

Nº 1276.   Schumacher an Gauss   [736

Ich bin so frei, mein theuerster Freund, Sie um Belehrung über einen Punct zu bitten über den ich Zweifel habe.

Auf Bitten des Staatsraths Kupfer habe ich einen von den Pariser sogenannten Aneroiden (die Atmosphäre drückt auf einen hohlen metallenen Cylinder, der soviel möglich luftleer gemacht und dessen Grundfläche von dünnem und elastischem Metall ist. Nimmt der Luftdruck zu, so wird diese Fläche eingedrückt, nimmt er ab, so stellt die Elasticität, so gut es geht, die vorige Gestalt her. Dies sind nur sehr kleine Bewegungen, die aber durch ein Hebelsystem ein paar hundertmal vergrössert werden. Das Hebelsystem führt den Zeiger) mit einem vortrefflichen Quecksilber-Barometer verglichen, nachdem die von dem letzteren angegebenen Höhen auf eine und dieselbe Temperatur reducirt waren (auf 0°).

Bei allen diesen Aneroiden äussert die Temperatur einen starken Einfluss auf die Corection die an dem Instrumente anzubringen ist. Ich habe daher das Aneroid abwechselnd in der kalten Stube, und in einem Chronometerofen verglichen in dem die Temperatur durch eine Nachtlampe über 30° gebracht werden kann.

Ich will Ihnen der bessern Uebersicht wegen, die ersten Gruppen dieser Vergleichungen hersetzen.

Aneroid zeigt		Wahre auf 0° red. Barometer-Höbe	Correct. d. Aner.
754,3	+ 1°,8 Cent.	756,5	+ 2,2
754,4	+ 2, 0	756,9	+ 2,5
764,8	+ 3, 0	766,8	+ 2,0
765,0	+ 3, 9	767,3	+ 2,3
Mittel 760	+ 2°,53		+ 2,25 4 Beob.
759,2	+ 38,0	757,6	− 1,6
759,4	39,2	757,7	− 1,7
760,0	39,2	758,0	− 2,0
761.5	48,2	759,1	− 2,4
763,6	43,0	761,1	− 2,5
Mittel 761	+ 40,72		− 2,04

Die Gruppen sind immer so gebildet, dass in je zwei untereinander verglichenen die Barometer-Höhe des Aneroids nahe gleich, und die Temperatur möglichst verschieden ist.

Wenn man die beiden Mittel von einander abzieht, so findet man, dass

für einen Zuwachs der Temperatur von 38°,19 die Correction 4,29 abnimmt, also für 1°.... 0,1123

Nun habe ich 16 solcher Gruppen, jede von bald mehr bald weniger Beobachtungen; die 8 Resultate geben. Wie soll ich nun um das Mittel aller zu nehmen, das Gewicht jedes einzelnen Resultats bestimmen? Nach der Anzahl der Beobachtungen? oder nach der amplitudo der Thermometerveränderung?

Im ersten Falle würde, wenn a die Zahl der Beobachtungen in der kalten Stube, b im Ofen ist, das Resultat das Gewicht $\frac{4ab}{a+b}$ (oder was mir bequemer zur Rechnung ist $a+b-\frac{(a-b)^2}{a+b}$ haben und die 8 Resultate stehen so:

	Gewicht	Gewicht nach Amplit.	
1) 0,1123	8,9	38,2	Ich habe der Cu-
2) 0,1002	11,7	36,8	riosität wegen die
3) 0,1097	11,1	35,3	Gewichte nach der
4) 0,1188	15,7	41,1	Amplitudo, die sehr
5) 0,1410	22,6	40,7	von denen nach der
6) 0,1850	7,5	37,9	Zahl der Beobach-
7) 0,1226	12,3	35,6	tungen verschieden
8) 0,1052	16,0	31,5	sind, beigeschrieben.

Im andern Falle stehen die Resultate so

1) 38,°19	4,29
2) 36, 83	3,69
3) 35, 27	3,87
4) 41, 07	4,83
5) 40, 05	5,73
6) 37, 87	7,01
7) 35, 49	4,36
8) 31, 47	3,31

oder wenn man auf beiden Seiten addirt 296,°83 Zuwachs der Temperatur, verringern die Correction um 37,13 Millim. Die Frage hat kein practisches Interesse, da die Mittel nach welcher Art man sie nimmt, um weniger differiren, als bei dem schlechten Instrumente in Betracht kommt, ich wünschte nur zu wissen, ob ich Recht habe, wenn ich das Mittel nach der Amplitudo der Thermometerveränderung nehme, oder ob ein Mittel genommen werden muss, bei dem Beobachtungen und Amplitudo Einfluss haben?

Sollten Sie mir in zwei Worten Ihre Entscheidung geben
wollen, so würden Sie mich sehr verbinden, da ich gerne Instrument und Prüfung abgeben wollte.

Ihr ewig dankbarer

H. C. Schumacher.

1850, Februar 19.

Nᵒ 1277.   **Gauss an Schumacher.**   [54]

Ihre Anfrage, mein theuerster Freund, verstehe ich so, dass
Sie gleichsam nur aus Curiosität wissen wollen, was die strenge
Theorie fordere, während in praktischer Beziehung diesmal gar
nichts darauf ankomme, ob man in grösserer oder kleinerer Licenz davon abweiche. Da ich mit letzterm ganz einverstanden
bin, so versteht sich von selbst, dass es kein Tadel sein soll,
wenn ich bemerke, dass die strenge Theorie überhaupt eine ganz
andere Behandlung erfordert hätte. Wenn ich aber einmahl
davon ausgehe, dass Sie Vertheilung in Gruppen gemacht haben,
und nun in zwei Worten, oder was man so nennt, angeben
soll, wie die Resultate dieser Gruppen, ohne weitere Licenz,
behandelt werden müssen, so wäre es:

1) dass das Gewicht weder allein nach Anzahl der Beobachtungen in jeder Gruppe, noch allein nach der Amplitudo genommen werden muss, sondern im zusammen-
gesetzten Verhältnis

2) dass Sie das Gewicht, soweit es von der Amplitudo
abhängt, unrichtig, dieser Amplitudo gleich setzen, da
es das Quadrat der Amplitudo sein müsste.

Also wenn Sie die Correction für einen Grad $= z^{nullin.}$
setzen, so hätte

$$z = 0,1123$$

weder das Gewicht 8,9 noch das Gewicht 38,2 noch das Gewicht 8,9 $\times$ 38,2

sondern das Gewicht 8,9 $\times$ (38.2)²;

mit andern Worten die erste Gleichung

$$38,19 \, z = 4,29$$

muss erst, um Bestandtheil eines Aggregats zu werden, mit $8,9 \times 38,19$ multiplicirt werden. Ich habe die Rechnung so selbst durchgeführt, nur mit der Abänderung, dass ich anstatt $\frac{4\,a\,b}{a+b}$ gebraucht habe $\frac{a\,b}{a+b}$. Letzteres ist an sich sachgemässer, indem man das Gewicht jeder einzelnen Beobachtung = 1 setzt. Für das Resultat ist es allerdings ebenso gut erlaubt letzteren = 4, also jene Formel $\sim \frac{4\,a\,b}{a+b}$ zu setzen, was Sie ohne Zweifel bloss gethan haben, um der Formel die Gestalt $a + b - \frac{(a-b)^2}{a+b}$ zu geben, was, wie Sie sagen, Ihnen bequemer sei. Ich meiner Seits rechne lieber mit den Brüchen in ihrer ursprünglichen Gestalt, wo sie nur sehr einfach sind, während man bei der Decimalbruchform theils (nach meiner Gewöhnung) gar nichts an Bequemlichkeit gewinnt, theils an Schärfe etwas aufopfert. Freilich habe ich die a,b zu jeder Gruppe rückwärts nur errathen müssen; ich habe angenommen 4,5 5,7 4,9 7,9 10,18 3,5 5,8 8,8. Es stehen also nach der Multiplication die Gleichungen so:

$$3241,1 \, z = 864,1$$
$$2056,8 \, z = 896,4$$
$$3444,8 \, z = 378,0 \qquad \text{S. C. Err.}$$
$$6641,6 \, z = 789,2 \qquad \text{da ich alles nur}$$
$$9339,8 \, z = 1316,5 \qquad \text{Einmahl und sehr}$$
$$2689,0 \, z = 197,8 \qquad \text{flüchtig gerechnet}$$
$$3877,5 \, z = 475,0 \qquad \text{habe.}$$
$$3961,4 \, z = 416,7$$
$$\overline{37151,1 \, z = 4633,7}$$

Also $z = 0,1274$:

Verlangen Sie nun auch zu wissen, wie die Aufgabe nach aller Strenge zu behandeln sein würde, so müssen zwei Fälle unterschieden werden.

1) Wenn Sie gewiss wissen, die Veränderlichkeit des Unterschiedes beider Instrumente hänge bloss von der Temperatur, wenigstens von sonst keiner regelmässigen Ursache ab, so müssen zwei unbekannte Grössen eingeführt werden, der Unterschied bei der Temperatur o, = x,

und die Veränderung für 1 Centes. Grad Wärme, = z.
Jede Beobachtung gibt dann eine Gleichung, die ersten z.B.

$$754,3 = 756,5 + x + 1,8 z \quad \text{oder} \quad 0 = +2,2 + x + 1.8 z$$
$$754,4 = 756,9 + x + 2,0 z \quad \quad 0 = +2,5 + x + 2,0 z$$

u. s. w.   u. s. w.

$$763,6 = 761,1 + x + 43,0 z \quad \quad 0 = -2,5 + x + 43,0 z$$

und sämmtliche 110 Gleichungen (Ich denke soviel sind's)
nach der M. d. kl. Qu. combinirt werden. Eine erlaubte
Abkürzungslicenz würde aber sein, aus allen diesen
Gleichungen nur 2 zu bilden, die eine das Mittel aus
allen Gleichungen bei der niedrigen, die andere das
Mittel aus allen bei hoher Temperatur, und aus der Ver-
bindung beider x und z abzuleiten.

2) Wissen Sie jenes aber nicht gewiss, sondern sind noch
zweifelhaft, ob die Scalentheile des Instrumente nicht noch
einer wenn auch kleinen Correction bedürfen können,
(was wirklich Ihr Fall zu sein scheint, da Sie dies durch
die Art der Gruppirungen haben unschädlicher machen
wollen), so müssen Sie drei unbekannte Grössen ein-
führen. Es bedeutet dann

    x Fehler des Instruments bei Temperatur 0 und
    einem bestimmten Barometerstande z. B. 750^{mm}
    y Correction von x für 1^{mm} Wachsthum der Baro-
    meterhöhe
    z Correction von x für 1° Zunahme der Temperatur.

Die erste Gleichung sieht dann z. B. so aus

$$0 = +2,2 + x + 6,5 y + 1,8 z$$

und so die übrigen 100 Gleichungen. Es gibt hier manche
kleine Mittelchen, die Rechnung zu erleichtern ohne irgend eine
Licenz, z. B. anstatt von 750^{mm} Barometerstand auszugehen,
gehe man von einer Höhe aus, die das Mittel zwischen allen
vorgekommenen hält und ebenso beim Thermometer. Also das
x bedeutet dann den Fehler vielleicht bei 20° Temperatur und 765
Barometerstand. Die Folge wird sein, dass alle 110 Beobachtungen von selbst in 4 nahe gleich zahlreiche Gruppen zerfallen,
je nachdem die Coefficienten y,z die Zeichen − − | − + | + − | + +
haben, und eine erlaubte Licenz würde sein, aus jeder Gruppe

ein Mittel zu nehmen und wenn man diese 4 Gleichungen (1), (2), (3), (4) nennt, die unbekannte Grösse

$$y \text{ aus } (3) + (4) - (1) - (2)$$
$$z \text{ aus } (2) + (4) - (1) - (3)$$

zu berechnen, und endlich x aus jeder der 4 Gleichungen (1), (2), (3), (4) nachdem man darin für y und x die eben gefundenen Werthe substituirt hat.

Es gibt zwar noch viele andere kleine Kunstgriffe, die sich aber in einem oder ein Dutzend Briefen nicht wohl erschöpfen lassen, wenigstens liesse sich leichter die strenge Rechnung für die 110 Gleichungen durchfuhren, als einen ausführlichen Tractat über die Kunstgriffe schreiben.

Nur den einen will ich noch anführen (rectius wiederhohlen, denn ich habe, da man so oft ihn vergisst, ihn mehr als einmahl eingeschärft).

Man setze nicht die Correction für einen Grad Centes., = z, sondern verschaffe sich erst einen genäherten Werth und neue z das was noch hinzukommen soll, z. B. man setze die Correction für 1° Cent.

$$- 0,12 + z.$$

Jedenfalls aber versäume man nicht, die zuletzt gefundenen Werthe von x, y, z in sämmtlichen 110 Gleichungen zu substituiren und so die übrigbleibenden Differenzen zu registriren.

Erst auf diese Weise bekommt man eine klare Einsicht in das was das Instrument leistet oder nicht leistet.

Entschuldigen Sie die Länge dieses Briefs, wenn die zwei Worte zu mehreren hunderten angeschwollen sind, so schreiben Sie es zu meinem Wunsche, Ihr Verlangen einigermaassen, so gut es in sehr grosser Eile geschehen konnte, zu erfüllen.

Stets Ihr ganz eigener

C. F. Gauss.

Göttingen, 22. Februar 1850.

Wegen Kelners Ocular haben Sie mir nicht geantwortet. Ich habe eines, was recht gute Dienste leistet; am Merz'schen Fernrohr 96-mahl vergrössert. Das Gesichtsfeld hat 27¼ Min.

5*

Durchmesser und ist ziemlich in der ganzen Ausdehnung gleich deutlich. Das Merz'sche Ocular von dieser Vergrösserung hat nur 18 Min. 25 Sec. Durchmesser. Wahrscheinlich wird letzteres bei einem 1½-mahl weiteren Gesichtsfelde gegen den Rand zu merklich undeutlicher werden.

N° 1279.   𝕾𝖈𝖍𝖚𝖒𝖆𝖈𝖍𝖊𝖗 an 𝕲𝖆𝖚𝖘𝖘.   [737

Ich bin diesmal längere Zeit wie früher am Schreiben verhindert, und was ich und der Arzt erst für einen Podagra-Anfall hielten, zeigte sich endlich als Gicht, die ihren Sitz wechselte. Jetzt bin ich aber so ziemlich wieder hergestellt und danke Ihnen herzlich für Ihren gütigen und belehrenden Brief. Wegen des Fehlers bei der Amplitude, den ich aus Uebereilung beging und vermeiden gesollt hätte, bin ich Ihnen vorzüglich für die Anzeige dankbar. Ohne Ihren Brief wäre es richtig nach Petersburg gegangen. Dass wenn man die Beobachtungen strenge nach d. Meth. d. kl. Q. behandeln wollte, jede eine Gleichung bilde, wusste ich, meine eigentliche Bitte war nur, wenn die Unzuverlässigkeit des Instruments es erlaubte, die unmittelbar aufeinander in nahe gleicher Temperatur gemachten Beobachtungen in Gruppen zu vereinigen (wie dies denn wohl bei einem Instrumente erlaubt ist bei dem x, die Correction bei 0°, in 5 Wochen sich um ± 3ᵐᵐ verändert) wie man diese Gruppen behandeln müsse?

Der Anfang von Sheepshanks Brief bezieht sich darauf, dass er vor ein paar Monaten an sein Mündel, Miss Henry, die auf einige Zeit in meinem Hause lebt, um Deutsch zu lernen, schrieb: Sie möge mich bestens grüssen und mir sagen, — there was now something going on. Auf meine Anfrage, was das sei, kam die Antwort die Sie haben. Ich würde, wenn ich vorher gefragt wäre, in diesem Augenblicke abgerathen haben, obgleich ich die Freundschaft und den guten Willen dankbar anerkenne.

Von Humboldt habe ich Nachrichten über Jacobi erhalten, die ich Ihnen gerne mittheilen darf, aber nicht weiter mitzutheilen bitte.

Der röthliche Mathematiker, der durch Inconsequenz, ewiges

Schwanken und orientalisches Benehmen uns viel Sorge gemacht
hat, ist nun glücklicher Weise für unsere Academie erhalten.
Es fehlen 333 ℳ zum fixen Gehalte von 3000 ℳ, diese sind
ihm angeboten und haben den Ausschlag gegeben. Er hat dazu
tugendhafte Verheissungen . . . . .

> (das Wort hier kann ich nicht so lesen, dass ein ver-
> ständlicher Sinn herauskommt. Es kann un-, um, oder
> ureatonisch heissen. Hier ein genaues Facsimile: um-
> eatonisch, rein kann es nicht heissen, weil er sie ver-
> gisst, den Punct über dem i zu setzen)

unterzeichnet, wird keine rothen Ordensbänder mehr bei Beer-
digungen tragen, und hat erwiesen, dass auch er Alles gethan
habe, um den Staat zu retten! Man zahlt ihm nach, was man
1849 ihm abgezogen hatte. Wie er nun, da er in Oesterreich
angenommen, sich vor dem Grafen Leo Thun rechtfertigen wird,
vor Littrow, der das Ganze betrieben — ist seine Sache, nicht
die meinige. Drei Monate lang habe ich für ihn gearbeitet:
das ganze Drama hat die moralische Achtung nicht vermehrt.
Der Cultus- und Finanz-Minister haben sich vortrefflich benommen
und alles politisch Unheimliche aus der Erinnerung entfernt.
H. arbeitet übrigens am 3. Theile seines Kosmos und an
geognostischen Erinnerungen, die zugleich gedruckt werden, von
11 Uhr des Abends bis 0 Uhr Morgens, aber, wie er schreibt,
unheiter, was wohl bei dem Antheile, den er an der Politik
nimmt, leicht zu erklären ist.

Ihr ewig dankbarer

H. C. Schumacher.

Altona, 1850. März 20.

No. 1270.   Gauss an Schumacher.   [542

Mit grosser Freude, mein theuerster Freund, erfahre ich
aus ihrem Briefe Ihre Wiederherstellung. Ich hohle jetzt meinen
besten Dank nach für die gütige Mittheilung des hiebei zurück-
erfolgenden Sheepshank'schen Briefs, und bitte, gelegentlich

Herrn Sheepsbank meine Dankbarkeit für seine gütige Belehrung zu bezeugen. Dank post bills sind wohl dasselbe, was wir bei uns trockne Wechsel nennen, die also die Dank auf sich selbst zieht? Gibt es vielleicht ein Buch, durch welches man sich über die nähere Bewandtniss und die Vorsicht, die man im Verkehr mit solchen zu beobachten hat, belehren kann? 2 c £ bedeutet wohl 200 Pfund Sterling?

Für die Jacobi betreffenden Mittheilungen danke ich bestens. Das unleserliche Wort scheint mir doch uncatonisch zu heissen, als Gegensatz zu Cato, der lieber sich selbst das Leben nahm, als dass er seiner politischen Ansicht hätte untreu werden und in einen entgegengesetzten Zustand der Dinge sich hätte fügen sollen. Am n einen kleinen Auswuchs, vielleicht Folge einer zitternden Hand, finde ich auch sonst zuweilen in H.'s Handschrift. Unser Briefverkehr ist freilich ein sehr seltener, während der Ihrige ein sehr häufiger und intimer zu sein scheint, und deswegen möchte ich wohl Ihnen eine Bitte ans Herz legen, um seine Verwendung für den jungen Eisenstein zu erwecken. Auf Privatwegen ist mir die Nachricht zugekommen, dass das preuss. Ministerium ihm die bisher genossene Unterstützung entzogen habe, ob bloss aus Ersparungs- oder andern Gründen, weiss ich nicht. So weit ich seine Persöulichkeit beurtheilen kann, ist mir gar nicht denkbar, dass er sich in politische Sünden verstrickt haben könne. Erzählt ist mir allerdings, dass er in der Unglücksnacht, 18/19. März 1848, auch arretirt und unter Kolbenstössen nach Spandau transportirt sei, aber ich kann gar nicht zweifeln, dass er nur durch ein unglückliches Ungefähr in irgend einen Haufen gerathen sein muss. Sie haben das Talent dergleichen Angelegenheiten auf eine feine Weise zu behandeln, und Sie haben volle Ermächtigung, sich insofern auf meine Briefe zu berufen, dass ich einerseits seines Schicksals in der jetzigen verworrenen Zeit wegen in Unruhe bin, und andererseits über seine erst-rangige (first-rate) Talente immer mit grösster Achtung mich geäussert habe.

Humboldt's ausserordentliche physische Kräfte in seinem 81. Jahre bewundere ich. Ich kann mich nicht gleicher rühmen. Nahmentlich fühle ich in diesem Winter, unvergleichlich mehr als in früherer Zeit, meine grösste Empfindlichkeit gegen Erkältung, wenn ich z. B. auch nur ⅓ Stunde in der Sternwarte

zugebracht habe. In so fern tröste ich mich noch leichter über
die in diesem Winter auch ganz ungewöhnlich trübe Witterung,
da nur äusserst selten seit langer Zeit einmahl eine Stunde mit
hellem Himmel vorkommt.

Stets der Ihrige

C. F. Gauss.

Göttingen, 22. März 1850.

———·———

No 1280.   Schumacher an Gauss.   [738

Mein theuerster Freund!

Sheepshanks Bank-Postbill war auf £ 25 gezogen. Sein
£ ist wohl nur aus Versehen, und ohne dass es was bedeuten
sollte, dreimal durchstrichen. Man schreibt sonst promiscue,
um ein Pfund Sterling zu bezeichnen, £ mit einem Strich und £
mit zwei Strichen. Ich hatte weiter nichts zu thun, als das
Papier zu indossiren und es dem ersten besten Handlungshause
zu geben, das meine Unterschrift kannte, um das Geld zu erhalten.   .

Ihre Fragen wegen Bank-Postbills und der Vorsicht, die
bei trocknen Wechseln zu beobachten sei, schrieb ich wörtlich
aus Ihrem Briefe ab und gab sie an Parish, der, wie es aus
der beifolgenden Antwort scheint, das was Sie wollten, nicht
recht verstanden hat.

Ihren Auftrag wegen Eisenstein, werde ich treulich besorgen.

Ich schreibe noch in dieser Woche an Humboldt und hoffe,
dass man die weit grössere Nachsicht, die bei Jacobi nöthig
war, auf die etwanigen Peccadillos Eisenstein's ausdehnen wird.
Dabei darf ich Ihnen aber nicht verschweigen, dass ein Dr.
.... aus Berlin (der von Mathematik und antiquarischen
Geschäften Profession macht) bei einem Besuche mir erzählte,
Eisenstein sei allerdings Mitglied eines democratischen Clubs
gewesen. Indessen meinte er auch, dass E. wenig an der
politischen Wirksamkeit des Clubs Antheil genommen habe.
Mit Jacobi ist er nach P.'s Aussage ganz zerfallen.

..... schreibt mir, dass Jacobi einen Revers habe aus-
stellen müssen, In dem er auf sein Gehalt verzichtet, sobald er
sich wieder in politische Angelegenheiten mischt.

Jacobi selbst hot mir angezeigt, dass er auf 4 Wochen noch
Gotha gehe, wohin er die Nummern der A. N., die seine Uebersetzung enthalten, nachgeschickt wünscht. Am Ende des Briefes
sagt er:

> Ich kriege jetzt wieder mein um mehrere hundert
> Thaler vermehrtes altes Gehalt, und zwar vom Zeit-
> punct an (1. Oct. 49), wo man mich zu philosophischer
> Entsagung nöthigen wollte. Lernen Sie daher, dass
> man keinem Mathematiker ungestraft ein Leid thun darf.

Ich darf Ihnen, mein theuerster Freund, dies sub rosa
mittheilen, schreibe aber natürlich nichts davon an ..... und
Humholdt.

Ihr ewig dankbarer

H. C. Schumacher.

1830, März 31.

No 1281.   Schumacher an Gauss.   [739

Um mich für Eisenstein fester verwenden zu können, schrieb
ich erst an ..... und bat ihn um aufrichtigen Bericht über
Eisenstein's Verhalten in den Unruhen.

Der Bericht, mein theuerster Freund, lautet gar nicht günstig. ..... schreibt, Eisenstein sei sehr roth, und schreibt
ihm und seinen Freunden (die nicht weiter specificirt sind) noch
am Ende des vorigen Jahres Aeusserungen, wie

> „dass, wenn die Volkspartei erst wieder die Oberhand
> bekomme, man schärfer verfahren und die faulen Ranken
> der Reactionaire ausrotten müsse,

zu, und diese Aeusserungen scheinen treulich gehörigen Orts
referirt zu seyn.

Unter diesen Umständen, glaube ich ist es am besten, wenn

ich gegen Humboldt die Nachricht für E. In Anspruch nehme,
die man Jacobi bewiesen hat. Humboldt lobt selbst, wie Sie
sich erinnern werden, dass man bei Jacobi alle politischen
Sünden übersehen habe.

Ihr ewig dankbarer

H. C. Schumacher.

Altona, 1850. April 8.

N° 1282.   Schumacher an Gauss.   [740

Anbei, mein theuerster Freund, wieder ein Comet. Petersen
bekommt übrigens weder für diesen noch für seine 2 in 1848
entdeckten die Medaille, die mit dem Tode Christian VIII. auf-
gehoben ist. Man wollte ihm ex speciali gratia für die 2
1848 entdeckten noch eine Medaille geben. auf die er aber zu
Gouyon's Besten verzichtet hat.

Fortdauernde Kränklichkeit hat mich noch immer verhindert, Kellner's Ocular gründlich zu vergleichen. Er schrieb mir
noch einen zweiten Brief, in dem er mich erinnert, dass die
Fehler des Objectives dem Oculare nicht zur Last fallen u. s. w.
Die sich darauf beziehende Stelle meiner Antwort lege ich abschrift-
lich bei. Jetzt habe ich weitläufige Entschuldigungen erhalten.

Ihr ewig dankbarer

H. C. Schumacher.

Altona, 1850. Mai 4.

Aus meinem Briefe an Kellner, 1850, April 17.

Ich habe schon oft auf Ersuchen der Künstler Instrumente
geprüft, ohne die damit verbundene Mühe zu scheuen, und meine
Belohnung in dem Nutzen gefunden, den mein Bericht, wenn
er günstig ausfallen konnte, den Künstlern brachte. Soviel ich
vermuthe, haben alle Künstler, die sich bisher an mich wandten,
vorausgesetzt, dass ich das zu prüfende Instrument kenne, und
mit seinem Gebrauche vertraut sei; da nicht abzusehen ist,

wozu der Bericht eines Unkundigen, wenn er auch noch so
günstig ist, nützen könne. In Ihren Briefen dagegen kommen
Stellen vor, nach denen Sie zu glauben scheinen, dass Fernröhre
für mich eine Art von neuen mir bisher unbekannten Instru-
menten seien. Sie belehren mich z. B., dass die Helligkeit (um
Ihre Worte zu brauchen) eine Function der Oeffnung des Objectives und der Vergrösserungszahl sei u. s. w. An anderen
Stellen scheinen Sie wieder Werth auf mein Urtheil zu legen,
so dass ich diese sich widersprechenden Aeusserungen nicht
vereinigen kann. Soll ich in dieser Ungewissheit vielleicht Ihr
Ocular irgend einem anderen Astronomen, der das Glück hat,
Ihr Zutrauen zu besitzen, zur Prüfung übersenden?

№ 1289. **Schumacher an Gauss.** [74]

800 Thaler für den Stich von Bessel's Bildniss ist zu wenig,
wenn es ein wirkliches Kunstwerk werden soll, und viel zu
viel, wenn es ein Kupferstich gewöhnlicher Art wird. Schade
übrigens, dass sie nicht Jensen's Bild nehmen, das wenigstens
ähnlich ist. Bessel wollte mir eine nach Wolf's Bild gemachte
Kreidezeichnung schenken, die ich nicht annahm, weil ich gar
keine Aehnlichkeit darin erkennen konnte. Wolf's Bild selbst
habe ich nie gesehen, es wird aber nach anderen Bildern dieses
Künstlers, die ich in Berlin sah, wohl besser gemalt als
Jensen's Bild seyn, das dagegen besser gezeichnet ist.

Der Comet ist auch Mai 4 und 5 hier beobachtet, und ich
hoffe Ihnen die Beobachtung von Mai 4 noch beilegen zu können.
Weyer hat sich die vergebliche Mühe gegeben aus Petersen's
Schätzung von Mai 1 und Rümcker's Beobachtungen von Mai 2
und 3, bei deren Reduction die Bewegung im Felde geradlinicht
angenommmen ist, eine Bahn zu berechnen.

				log *A*
T	Mai 7,010	Mai 1	9,4235
π	222° 12'	„ 3	9,3592
☊	54 32		
i	49 24		
log q	9,9989		
	direct.		

Der blosse Anblick des Cometen zeigt, dass er nicht so an
Lichtstärke zunimmt, wie er nach dieser Hahn sollte.

Ihr ewig dankbarer

H. C. Schumacher.

Altona, 1850. Mai 6.

No: 1284.   Schumacher an Gauss.   [742

Sonntag und mein Sohn haben sich auch das unschuldige
Vergnügen gemacht aus Petersen's Beobachtuugen von Mai 2, 3
und dem Mittel aus Sonntag's und Rümcker's für Mai 4 Elemente zu rechnen.

Sonntag	R. Schumacher
T 1850 Jun. 8,4097 Berlin	1850 Jun. 8,2082 Berlin
π ...... 250° 30′ 27″ $\big\}$ sch. Aeq.	250° 21′ 13″
Ω 75 20 18	75 22 52
i 57 53 58	57 40 52
log q 9,999000	9,999264

<table>
<tr><td>Direct.</td></tr>
</table>

Die mittlere Beobachtuug wird innerhalb einer Se-
cunde dargestellt.   Die m. B. wird in Länge auf 1″, in Breite auf 2″ dargestellt.

Sonntag hat, um den Lauf ohngefähr zu übersehen für m.
Berliner Mitternacht folgende kleine Ephemeride gerechnet.

	AR $\not\!\!\!\!\smile$	Decl. $\not\!\!\!\!\smile$	log r	log $\varDelta$	$\varDelta$	
Mai 0	291°14′	71° 1′	0,0776	9,9121	0,817	67
n 4	290 27	71 40	0,0647	9,8744	0,749	71
n 8	288 47	72 23	0,0523	9,8315	0,678	72
n 12	286 9	73 12	0,0408	9,7822	0,600	75
n 16	282 -7	74 7	0,0302	9,7252	0,531	76
n 20	275 47	75 8	0,0208	9,6578	0,455	78
n 24	265 24	76 10	0,0129	9,5767	0,377	78
n 28	247 34	76 43	0,0066	9,4763	0,299	

Galle in Berlin hat beobachtet

M. Zt. Berlin AR ☿ Decl. ☿
Mai 5 10ʰ42′56″,4 290°9′44″,4 +71°40′12″,2 5 Vergl.

Petersen hat in der letzten Nacht beobachtet, aber die Beobachtungen sind noch nicht reducirt. Sobald dies geschehen ist wird Richard sie mit der Berliner Beobachtnng zu etwas mehr genäherten Elementen benutzen.

Ihr ewig dankbarer

H. C. Schumacher.

1850 Mai 9.

N? 1285. Schumacher an Gauss. [748

Wenn ich Ihnen, mein theuerster Freund, bisher nichts über Eisenstein berichtet habe, so lag der Grund dieses Stillschweigens in dem Ausbleiben von Humboldt's Antwort. Diese Antwort ist auch jetzt noch nicht eingetroffen, dagegen hat Encke mir aber geschrieben:

Herr von Humboldt ist von Ihrem Briefe ganz entzückt, und hat ihn mir voller Freude mitgetheilt.

Obwohl ich nun das ganz entzückt seyn nicht recht begreifen kann, so scheint es doch, dass wir dieser Nachricht zufolge für Eisenstein hoffen dürfen. Herr von Humboldt wird doch kein Entzücken aussprechen, und den Brief voller Freude herumtragen, wenn die darin enthaltene Bitte abgeschlagen werden muss.

Aus den Hamburger Beobachtungen bis zum 8. incl. haben Rümcker's Sohn und Niebour Elemente berechnet, die den folgenden aus den gleichzeitigen Altonaer Beobachtungen von Dr. Olde berechneten sehr nahe kommen.

$$T\ldots\ldots\ 1850\ \text{Juli } 9,95900\ \text{Greenwich}$$
$$\pi\ldots\ldots\ 268°28′35″,7$$
$$\Omega\ldots\ldots\ 89\ 29\ 41,\ 0$$
$$i\ldots\ldots\ 65\ 23\ 28,\ 5$$
$$\log q\ldots\ldots\ 0,020602$$
$$\text{Direct.}$$

m. Aeq. Mai 1

Encke hat mir Elemente aus Beobachtungen bis zum 7. incl. berechnet gesandt:

$$T \ldots \ldots \ldots 1850 \text{ Juli } 14, 276 \text{ Berlin}$$

$$\left.\begin{array}{l} \pi \ldots \ldots \ldots 270^0 17',7 \\ \Omega \ldots \ldots \ldots 90\ 39,\ 0 \end{array}\right\} \text{ m. Aeq. 1850 Jun. 0}$$

$$i \ldots \ldots \ldots 66\ 18,\ 8$$

$$\log q \ldots \ldots 0,023823$$

Vor dem Schlusse dieses Briefes hoffe ich noch Elemente beifügen zu können, an denen Petersen und mein Sohn jetzt rechnen, und die auf Beobachtungen von Mai 2 bis Mai 13 beruhen. Die Berliner Elemente stellen die Beobachtungen (R — B) so dar

	$\Delta\alpha.\cos\delta$	$\Delta\delta$
Mai 2 Altona	− 7″	− 9″
Altona	+ 9	0
Altona	− 11	—
Hamburg	− 6	+ 13
Mai 3 Altona	• 0	+ 11
Hamburg	− 20	+ 7
Mai 4 Altona	+ 14	+ 18
Hamburg	− 15	− 8
Mai 5 Berlin	− 11	+ 10
Mai 7 Berlin	− 6	+ 13

Die danach berechnete Ephemeride giebt für nächsten Tage

	0^h Berl.	AR ♏	Decl. ♏	t
Mai 17	$18^h 51' 40''$	$+73^0 35',9$	1,149
″ 18	− 47 44	− 43, 5	
″ 19	− 43 31	− 50, 5	
″ 20	− 30 3	− 57, 0	
″ 21	− 34 18	74 2, 8	

Für die Entfernung von der Erde am 30. Mai...0,027.

Petersen's Beobachtungen der letzten Tage sind:

	Alt. m. Zt.	AR ♏	Decl. ♏	Beobacht.
Mai 12	$10^h 27' 47'',2$		$+72^0 56' 11'',8$	4
	10 32 58, 7	$19^h 6' 36'',26$		7
Mai 13	11 13 50, 4	19 3 46, 13	73 5 13, 8	6

Zur Prüfung der Ephemeride setze ich noch die Beobach
tungstage her:

Mai 11 .... 19ʰ 10′ 8″ +72°43′,7
„ 12 .... — 7 87 72 53, 1
„ 13 .... — 4 53 73 2. 2·
„ 14 .... — 1 56 73 11, 1

Die neuen Elemente, höre ich, werden erst heute Abend fertig.

Ihr ewig dankbarer

H. C. Schumacher.

1850. Mai 15.

N° 1286. **Schumacher an Gauss.** [744

Dase kommt eben aus Wien zu mir. Sie haben seine na-
türlichen Logarithmen mit 7 Decimalen in einem Quartbande
gedruckt, von dem ihm 500 Exemplare bewilligt worden sind.
Er hat aber nur drei erhalten und die andern liegen in Wien
bis er 326 fl. für das Papier bezahlt. 'Er geht nun nach England um durch Vorstellungen (Productionen, wie er es
nennt) soviel zusammen zu bringen, dass er seine Tafeln aus-
lösen könne. Mir scheint die Oesterreichische Regierung hätte
dem armen Teufel die 326 fl. schenken sollen.

Ihr ewig dankbarer

H. C. Schumacher.

1850. Mai 20.

N° 1287. **Schumacher an Gauss.** [745

...... Bruder, der in Hamburg in sehr günstigen Verhältnissen lebt, und bei dem Niemand errathen kann, was ihn
zu der That bewogen, hat sich mit einem Federmesser eine
gefährliche Wunde am Halse beigebracht. Er hat vor einem

Spiegel stehend den eintretenden Barbier ruhig gefragt, ob dies (nach der Gegend der Carotis zeigend) die rechte Ader sei? und gleich zugeschnitten, aber nur die Jugularis und die Luftröhre, nicht die Carotis getroffen. Es ist noch in diesem Augenblicke nicht zu bestimmen, ob er mit dem Leben davon kommt, oder nicht.

Alle kennen ihn als einen kaltverständigen ruhigen Mann, der nicht, was man hier reich nennt ist, aber in sorgenfreiem Wohlstande lebt. Man hat nichts an ihm in den letzten Zeiten als einen mehr als gewöhnlichen Ernst bemerkt. Vor etwa einem Monate hat er seine Stelle als Kämmereibürger niederlegen wollen, aber die Entlassung nicht erhalten können, weil man einen so ausgezeichneten und ordentlichen Geschäftsmann nicht missen wollte.

Ein Bruder, der ihm ganz glich, ist vor etwa einem Jahre an langwierigen hypochondrischen Beschwerden gestorben. Ich will hoffen, dass dies nicht ein Familienübel ist, aber die Briefe des .... sind seit etwa einem halben Jahre mitunter in sehr trüber Stimmung geschrieben.

Ich glaubte, mein theuerster Freund, dass diese Nachrichten ein, wenn auch trauriges Interesse für Sie haben könnten, und habe sie Ihnen deswegen mitgetheilt.

Ihr ewig dankbarer

H. C. Schumacher.

1850 Mai 27.

Nº 1268.　　　　Gauss an Schumacher.　　　　[543]

Recht vielen Dank, mein theuerster Freund, für die gütige gestern Nachmittag erhaltene Nachricht von dem Planeten. Ich habe gleich gestern Abend eine Meridianbeobachtung gemacht, die ich sofort mittheile, da der Himmel jetzt sich zu trüben anfängt, und schwerlich heute eine zweite verstatten wird.

1850. Mai 31.　$10^h 27' 23'',8$ M. Z.　$225^0 52' 38'',4 - 9^0 48' 3'',7$

Die Luft schien in den dem Horizont nähern Schichten

etwas trübe, und unter schwächster Fadenbeleuchtung waren die
Antritte nur schwer zu erkennen.

Heute Morgen bei näherer Ansicht wurde ich erst etwas
zweifelhaft, ob der beobachtete Stern (a) der Planet gewesen.
Es folgte ihm etwa 17 Zeitsecunden ein noch ein weniges
schwächerer Stern (b) etwa 1½ Minuten nördlicher. Beide waren
bedeutend lichtschwächer als der etwa 8 Minuten südlicher
stehende Stern (c) 9. Grösse aus Bessel's Zone 15. Nro. 45.-
In der Berliner von Harding gearbeiteten Karte steht ein Stern
10. Grösse in einer Configuration zu (c), die dem Platze. von (a)
mehr gleicht als dem von (b). Indessen passt die Position
von (a) ganz gut zu der Reihe der mir mitgetheilten Beobachtungen, was von (b) nicht gesagt werden kann. Bei der
Berliner Beobachtung vom 25. Mai setze ich voraus, dass die
Ger. Aufst. um 20' zu gross angesetzt ist, d. i. dass sie nicht
wie in Ihrem Briefe steht 227° 28' 42",2 sondern 227° 6'.42",2
sein soll.

Stets der Ihrige

C. F. Gauss.

Göttingen, den 1. Juni 1850.

N° 1289.   **Schumacher an Gauss.**   [746

Von Kellner habe ich jetzt ein Ocular zu meinem Frauenhofer'schen Cometensucher erhalten, oder eigentlich 2 Stücke,
um es mit der alten Einsatzröhre brauchen zu können. Zusam-
mengesetzt sieht es so aus:

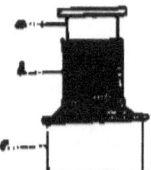

a) ist die neue Röhre mit dem Kellner'schen
Oculare;

b) (schraffirt) der alte Frauenhofer'sche An-
satz;

c) ein neues Zwischenstück von Kellner, das
das Collectiv enthält.

Da nur 2 neue Stücke gemacht sind
(a und c) und nicht das Zwischenstück b,
so kostet es nicht, wie angezeigt, 16 Thaler, sondern nur
14 Thaler.

Nun ist aber das Unglück, dass ich so langsichtig bin, dass um deutliche Bilder zu erhalten, ich a ganz, und noch etwa eine Linie weiter, aus b ziehen muss. Der einzige, der es hier gebrauchen kann, ist mein sehr kurzsichtiger Sohn Richard, der mir sagt, dass es vortreffliche bis sehr nahe an den Rand scharfe Bilder giebt. Der Durchmesser des Gesichtsfeldes ist 5¼", und es vergrössert nahe 10 mal. Der Focus des Oculars ist nach Kellner's Angabe 28,8 Paris. Lin.

Können Sie, da Sie auch ziemlich kurzsichtig sind (Richard muss das Ocular fast so weit als möglich hineinschieben) die Stücke a und c brauchen? Ich glaube sie werden zu Ihrem Fr. Cometensucher passen, wenigstens passen sie zu beiden Fr. Cometensuchern, die ich habe, gleich gut.

Ist dies der Fall, so stehen diese Stücke Ihnen gerne zu Befehl; können Sie sie nicht brauchen, so soll Repsold mir einen Zwischenring machen.

Weyer in Hamburg hat uns Mai 12, Mai 28 für Parthenope eine Kreisbahn berechnet, und findet:

Epoche Mai 12, 4773 Berlin.   Opposition Mai 11.

$$\left. \begin{array}{l} \text{☊}\ldots\; 128^{\circ}\; 57'\; 43'' \\ L\; \ldots\; 231\quad 1\quad 32 \\ i\; \ldots\; \quad 4\quad 29\quad 52 \end{array} \right\} \; m.\; Aeq.\; 1850,0$$

log a... 0,376001
log μ... 2,984655
Sid. Uml.-Zt. 1343 Tage.

Ihr ewig dankbarer

H. C. Schumacher.

Altona, 1850. Juni 2.

No 1290.   Gauss an Schumacher.   544

Ich danke Ihnen, mein theuerster Freund, für Ihr gütiges Anerbieten, mir das Kelner'sche Ocular zu Ihrem Cometensucher abzutreten, muthe Ihnen aber eine solche Aufopferung nicht zu, da es für Ihren Herrn Sohn so gute Dienste leistet, und mit

geringer Abänderung sich auch für Ihr Auge leicht wird ein-
richten lassen. Ich zweifle auch, dass jener Einsatz ohne er-
hebliche Abänderung sich für meinen Merz'schen K. S. würde
aptiren lassen. Dieser hat aul mein Verlangen zwei Ocularein-
sätze erhalten. Bei der schwächsten Vergrösserung 8,6 mahl,
Gesichtsfeld 5⅓ Grad ist das Objectivglas in dem Stück, welches
Sie mit c bezeichneten, fest, und sicht also in unabänderlicher
Entfernung zum Objectiv, während das Ocular sich in schieb-
barer Röhre befindet. Bei der stärkern Vergrösserung 17,2
mahl, Gesichtsfeld 2½ Grad, sitzt Collectivglas mit Ocular in
Einer Röhre, so dass also beide, gegenseitig unverrückbar, durch
Schieben in der Hülse ihre Lage gegen Objectiv ändern. Dem
ursprünglichen Fehler, dass es nicht für kurzsichtige Augen
gestellt werden konnte, habe ich bald nach Empfang hier abhelfen lassen.

Ich habe am 2. noch eine Meridianbeobachtung der Parthenope erhalten, die ich Ihnen hier mittheile:

1850, Jan. 2.   10ʰ 18′ 1″,6 M. Z.   225° 30′ 5″,6   — 9° 45′ 59,8

An allen übrigen Abenden war es zur Culm. Zeit im Süden
bedeckt.

Goldschmidt hat angefangen, eine elliptische Bahn zu berechnen.

Stets der Ihrige ·

C. F. Gauss.

Göttingen, 6. Juni 1850.

Nº 1291.   Schumacher an Gauss.   [747

Gleich nach Empfang Ihres Briefes, mein theuerster Freund,
habe ich mir einen Ring bestellt, der das Ocular etwas entfernt,
und ich bin nun neugierig, ob ich, wenn der fertig ist, Alles
bis an den Rand so scharf sehen werde, wie Richard es gesehen
hat. Vorher habe ich in die Fraunhoferschen Cometensucher
(meine haben wie die Ihrigen zwei Vergrösserungen) die Sterne

eigentlich nur in der Mitte des Feldes als Sterne gesehen, und davon entfernt sehr cometenähnlich.

Encke erzählte mir bei seiner Anwesenheit hier, dass H. in seinem Entzücken ihm gesagt habe, der König werde an Eisenstein jährlich 500 oder 600 Thaler für immer geben, von H. selbst habe ich aber noch nicht die geringste Nachricht darüber.

Ihr ewig dankbarer

H. C. Schumacher.

1850. Juni 8.

N° 1292. **Schumacher an Gauss.** [748

Ein Amtmann . . . ., den ich seit längerer Zeit als einen sehr guten Kopf kenne, hat während seiner Anwesenheit in Berlin (er war in diesem Winter 3 Monate in diplomatischen Angelegenheiten Lauenburg's da, die ihm vollkommen Zeit zu andern Arbeiten liessen) ein Memoire über divergente Reihen geschrieben, das Crelle gleich für sein Journal in Anspruch genommen hat. Er behauptet, sie entständen aus Functionen, in denen einmal oder n-mal das Gesetz der Stätigkeit unterbrochen werde. Er bestimmt dann (wenn ich ihn recht verstanden habe) den Werth der Reihe bis zur ersten Unterbrechung ...S, von der ersten bis zur zweiten S', u. s. w. Nach ihm ist dann der sicher zu gebrauchende Werth der Reihe

$$= \frac{1}{n+1} \cdot (S + S' + \ldots + \overset{n}{S}).$$

Er wünscht sehr, ich glaube im Herbste, nach Göttingen zu kommen und die Sache Ihrem Urtheil vorlegen zu dürfen. Sie werden aus meinen Angaben (wenn auch etwas unrichtiges darin seyn sollte, was gerne möglich ist, da das Gespräch jeden Augenblick durch andere Besuchende unterbrochen ward) doch wahrscheinlich soviel sehen können, ob an der ganzen Sache möglicherweise etwas seyn kann, und ich denke mir, dass wenn dies nicht der Fall ist, Sie seinen Besuch nicht besonders wünschen werden. Dies ist der Grund warum ich Ihnen, mein theuerster Freund, die Sache vorher anzeige. Wenn Sie nicht wollen, dass er komme, will ich es schon verhindern.

Sie werden in den Zeitungen gelesen haben, dass der Kanzler Graf Nesselrode Urlaub zu einer Badereise erhalten hat. Kupffer, der in diesen Tagen hier war, sagte mir aber, es wäre in Petersburg ein öffentliches Geheimniss, dass er wegen entdeckter genauer Verbindungen mit Lord Palmerston in Ungnade gefallen sei. Der letzte hat heute im Parlamente einen heissen Tag. Die Discussion der griechischen Angelegenheiten, die er sich jede mögliche Mühe gab, bis nach Beilegung der französischen Differenzen auszusetzen, ist definitiv, wie ich aus den Times sehe, auf heute angesetzt.

Sonntag und Götze haben aus den besten Beobachtungen von Petersen's Cometen 3 Normalörter gebildet, Mai 4, Mai 22, Junius 6, und daraus folgende Bahn berechnet:

$$
\begin{aligned}
T &\ldots\ldots \quad 1850,\ \text{Jul. } 23,58672 \text{ Greenw.}\\
\pi &\ldots\ldots \quad 278^0\ 25'\ 13'',7 \\
\mathcal{U} &\ldots\ldots \quad 92\ 53\ 18,\ 0 \\
i &\ldots\ldots \quad 68\ 13\ 19,\ 9 \\
\log q &\ldots \quad 0,0840853
\end{aligned}
\quad \text{m. Aeq. 1850,0}
$$

Mai 22 wird auf + 7'',5 (nicht mit cos b multiplicirt), und − 7'',4 dargestellt.

Plantamour hat aus Beobachtungen, die nur bis Mai 18 gehen, berechnet:

$$
\begin{aligned}
T &\ldots\ldots \quad \text{Jul. } 23,86300 \text{ Berlin.}\\
\pi &\ldots\ldots \quad 279^0\ 31'\ 34'',4 \\
\mathcal{U} &\ldots\ldots \quad 92\ 55\ 40,\ 7 \\
i &\ldots\ldots \quad 68\ 15\ 58,\ 6 \\
\log q &\ldots \quad 0,0841100\ \cdot
\end{aligned}
\quad \text{m. Aeq. Jul. 24.}
$$

Es scheint also, dass aus den bisherigen Beobachtungen sich noch keine sicheren Spuren einer Ellipticität ergeben.

Ihr ewig dankbarer

H. C. Schumacher.

1850. Junius 17.

Was Sie, mein theuerster Freund, mir von der vermeintlichen Entdeckung des Amtmannes schreiben, scheint mir nur die Alternative zu lassen, dass entweder in der Angabe grosse und wesentliche Missverständnisse seyn müsse, oder dass jene auf Unsinn hinaus läuft. Bei der Ungewissheit, ob oder in welchem Maasse die erste Möglichkeit ein günstigeres Resultat herbeiführen könne, gestehe ich, dass mein Verlangen nach der persönlichen Bekanntschaft des Mannes kein unbegrenztes ist.

Ich muss Ihnen noch ein anderes Geständniss ablegen, und damit eine Bitte verbinden. Die № 717 der A. N. habe ich vor ein Paar Tagen empfangen. Die Valzische Beschreibung seiner Objectivcombination ist mir aber, obwohl ich mehreremahle angesetzt habe, unverständlich. Sie wissen, dass ich denselben Zweck, den er erreichen will, an meinen Meridianinstrumenten mit grösster Leichtigkeit erreiche, indem beide in gleicher Mittagsebene, in etwas ungleicher Höhe sich befinden, und sowohl im N. als S. Meridianzeichen. Denselben Zweck mit zwei Hülfsfernröhren zu erreichen, kann ich mir auf mehr als eine Art als möglich denken, die aber alle mit Valzen's Beschreibung und Worten nicht übereinstimmen. Kurz, seine Angabe verstehe ich nicht. Nun kann ich aber doch nicht zweifeln, dass wirklich Verstand darin ist, und eben so wenig, dass seine Beschreibung Ihnen verständlich gewesen sein muss, da Sie sonst den Artikel nicht aufgenommen haben würden. Ich bitte also recht sehr, mir das Verständniss zu eröffnen.

Die Parthenope habe ich seit dem 2. Junius nicht wieder gesehen; zur Culminationszeit war es allemahl in der betreffenden Gegend zu trübe. Goldschmidt hatte wegen Unwohlsein seine angefangene Berechnung einer Ellipse wieder liegen lassen müssen, ist aber im Begriff sie jetzt wieder aufzunehmen, obwohl mit Bedauern, keine späteren Beobachtungen benutzen zu können. Bloss die Neapler Beobachtungen bis zum 20. Mai habe ich in einem gedruckten Circular von Delre zugesandt erhalten.

Ich selbst hatte aus den Beobachtungen vom 12. Mai und 2. Junius eine Kreisbahn berechnet, die aber um die Mitte der

Zwischenzeit etwa 1 Minute (Bogen) in AR abwich, daher ich
vermuthe, dass die Excentricität nicht ganz unbedeutend sein
wird.

Kupffer ist jetzt hier.

Stets der Ihrige

C. F. Gauss.

N° 1294.   Schumacher an Gauss.   [749

Es können allerding, mein theuerster Freund, wie ich auch
gleich bemerkt habe, Missverständnisse in meinen Angaben seyn,
da ich zugleich mit 2 Anderen die Conversation führte, aber
ich möchte fast bezweifeln, dass es grosse Missverständnisse
wären, und bin also eher geneigt die Alternative des Unsinns
anzunehmen. Da die Abhandlung in Crelle's Journal (der jetzt
2 Bände zugleich druckt) erscheint, so werden Sie sie zeitig genug zu sehen bekommen, um mir Befehle, ob er kommen soll
oder nicht, zu geben.

Valz schickte mir im Anfange des vorigen Jahres eine Ab-
handlung über die leichteste Methode Planeten- (und Cometen-)
Bahnen zu berechnen, die nach meinem Ermessen das gröbste
Tatonnement war. Ich liess sie also liegen. Er schrieb wieder
deshalb und sandte die Abhandlung dabei, von der Sie sprechen.
Seine Bahnberechnung blieb demohnerachtet liegen. Die Abhandlung über das doppelte Fernrohr verstand ich ebensowenig
wie Sie, da ich aber nicht Richter über alle vorgeschlagenen
Instrumente seyn kann, und auch nach meiner anfänglichen
Erklärung nicht für die in den A. N. eingerückten Aufsätze
verantwortlich hin, auch ihm die Einrückung der Bahnbestimmung abschlagen musste, so sah ich keinen glaublichen Grund,
diese Abhandlung gleichfalls zurückzulegen, zumal da die Pariser Academie das Wesentliche in den Comptes Rendus abgedruckt hat.

Eine Aehnlichkeit mit Ihrer Methode habe ich nicht er-
kannt, sonst würde ich augenblicklich Sie deshalb zu Rathe
gezogen haben. Man kann auch nicht gut Aehnlichkeiten an
Dingen finden, die man nicht recht begreift.

Encke hat hier an Götze (nicht an mich) gesagt, dass Lagrange eigentlich die Methode der kleinsten Quadrate schon in den Turiner Memoiren bekannt gemacht habe, indem er die Sache auf den Hebel reducirt habe. Wenn ich mich recht erinnere, kam Jacoby's Beweis, der zuviel bewies, auch darauf hinaus.. In Copenhagen 1816 habe ich eine Abhandlung von Lagrange über die Art das wahrscheinlichste Resultat der Beobachtungen zu finden, wie ich mit Bestimmtheit behaupten zu können glaube, nicht in den Turiner Memoiren, sondern in den vorhergehenden Miscellaneis Taurinensibus gesehen, die Degen mir als etwas was die Methode der kleinsten Quadrate weit übertrafe brachte. Es ist also nicht wahrscheinlich, dass sie die Methode der kleinsten Quadrate enthält. Encke will nach Götze's Relation einen Vortrag darüber an die Academie halten. Sie können in Göttingen leicht nachsehen, wenn Sie sich sonst die Mühe geben wollen, ob irgend etwas an der Sache ist. Sie wird das nicht besonders interessiren, aber ich möchte gerne, wenn Sie mir die wahre Sachlage mittheilen wollen, Encken, indem ich mich auf Götze's Relation beziehe, warnen, sich nicht öffentlich Blössen zu geben.

Ich wiederhole bei dem Absenden des Briefes noch einmal, dass ich Jhuen, obgleich Sie später die Geschichte, wenn Encke wirklich seinen Vortrag hält, doch erfahren mussten, nichts davon geschrieben hätte, wenn es nicht mein eifrigster Wunsch wäre, Alles, zu Encke's Besten zu verhindern. Nur in dieser Hinsicht bitte ich Sie um Nachricht.

Ihr ewig dankbarer
H. C. Schumacher.

1850. Bohstiz.
(Juni 21. 8ʰ 30')

Juni 21.

Da ich nicht bestimmt weiss, ob ich Jhnen D'Arrest's Elemente 1. der Parthenope gesandt habe, so setze ich sie auf jeden Fall wieder her. Sie beruhen auf Mai 11, Mai 25, Juni 5:

Epoche 1850, Mai 11. 12ʰ M. Zt. Berlin.

M. An.... 289° 43′ 26″,81
π .... 312 25 50, 77 } m. Aeq. 1850, Jan. 0.
☊....... 125 39 21, 17
i........ 4 33 36, 51
φ 5 50 47, 61
log κ..... 0,3880424
μ .... 928″,8445

Was Sie, mein theuerster Freund, von den guten Beobachtungen erwähnen, die Herrn Professor Goldschmidt gefehlt hätten,
hat mich etwas geschmerzt. Alle die ich habe, bis auf eine
vom 18. Juni von Rümcker, die ich unten beifügen werde, sind
in den Astron. Nachrichten abgedruckt. Auf ein Wort von
Ihnen, dass er Beobachtungen brauchte, hätte ich ihm, wenn
die Sternwarte die A. N. nicht hält, oder wenn er sie selbst
nicht halten will, in welchem Fall ich ihm gerne das, was die
Post mir dafür bezahlt, zurückzahlen will (a ⅟₄), alle abgeschrieben, aber so gerne ich mein Journal jedem Astronomen gratis
gebe, so wenig bin ich doch jetzt in der Lage, auch die Beför-
derungskosten bezahlen zu können.

Hamb. M. Z.

Juni 13. 11ʰ 31′ 37″,3 223° 49′ 35″,3 — 9° 45′ 32″,6
Rümcker bemerkt, dass sie gut sei.

N° 1295. **Gauss an Schumacher.** [546

Ihre Nachricht, mein theuerster Freund, dass Crelle zwei
Bände zugleich drucken lasse, ist vermuthlich so zu verstehen,
dass er zwei Hefte zugleich drucken lässt: ich hatte gestern
zwei Hefte zugleich erhalten, 1, 2 von Band 40, worin ich mich
nicht erinnere etwas von Herru ..... bemerkt zu haben, ich
kann in diesem Augenblick nicht nachsehen, da ich sie eben
verliehen habe.

Dass Ihnen Vulzen's Beschreibung auch unverständlich ist,
beruhigt mich in so fern, als ich fürchtete, mein Missverstehen
könne bloss subjectiv sein. Ich bin weit davon entfernt, Ihnen

Verantwortlichkeit für die Artikel der Astronomischen Nachrichten aufzubürden. Ich hatte nur gemeint, dass Sie, eben aus einem Interesse, welches Sie an der Sache nähmen, den Valz vor dem Abdruck um eine deutlichere Beschreibung ersucht haben könnten. Ich sehe aber wohl ein, dass die Herausgabe einer Zeitschrift ein äusserst lästiges und mit vieler beschwerlicher Schreiberei an sich schon verbundenes Geschäft ist.

Als ich meinen letzten Brief schrieb, war noch keines der nach Göttingen kommenden Exemplare weiter als Nro. 717. Goldschmidt hält es selbst, so viel ich weiss durch eine Buchhandlung. Ob oder wie viel die Beziehung durch die Post theurer ist, weiss ich nicht. In gewöhnlichen Fällen ist es allerdings nicht von grosser Erheblichkeit, ob man die Stücke ein Paar Tage früher erhält oder später. Seit dem ist Nro. 718 angekommen. Dass ich anführte, wir kennten hier keine neuern Beobachtungen als meine vom 2. Junius, hatte weiter keinen Zweck, als zu erklären, warum er die elliptische Bahn nur an dieselben Beobachtungen anlehnte, womit er am 3. Junius seine Arbeit angefangen hatte, die er Unwohlseins wegen liegen liess. Die ganze Berechnung der elliptischen Bahn sollte aber nur dazu dienen, vermittelst einer kleinen Ephemeride Beobachtungen ausser dem Meridian nach längerer Unterbrechung und in Ermangelung anderer neuer Beobachtungen zu erleichtern.

Nach dem Verzeichniss von Lagrange's Werken, welches hinter der zweiten Ausgabe seiner Mechanik steht, wird die Abhandlung quaest. die sein, die im 5. Bande der Miscellanea Taurinensia unter dem Titel Sur l'utilité de la méthode de prendre au milieu entre les observations steht. Ob darin die Grundidee der Methode der kleinsten Quadrate oder etwas dem ähnliches vorkommt, weiss ich jetzt nicht, bei Gelegenheit will ich es einmal nachsehen. Ich selbst lege schon im Allgemeinen auf die blosse Grundidee einer Sache gewöhnlich viel weniger Werth, als auf das was man daraus macht. Was aber namentlich die Methode der kleinsten Quadrate betrifft, so habe ich auf die blosse Grundidee insofern niemals irgend einen Werth gelegt, als ich immer der Meinung gewesen bin, jeder im Calculfache nicht ganz fremde, könne gar nicht umhin sogleich diese Grundidee zu finden, so bald er sich nur die Frage überhaupt klar vorstelle. Ich habe oft in frühern Zeiten in meinen Vorlesungen diesem Gesichtspunkt entschieden erklärt, und hinzugesetzt, ich zweifle nicht, dass schon längst viele unter jener Cathegorie gehörende Mathematiker, z. B. Tobias Mayer sich in Fällen, wo es der Mühe werth gewesen, jenes Verfahrens bedient haben möchten. Ich würde für diese Meinung bereit gewesen sein eine Wette einzugehen. — Allerdings weiss ich jetzt — dass ich diese Wette hätte verlieren müssen, da seit einigen Jahren Rechnungspapiere von Tob. Mayer im Besitz der Sternwarte, dass Tob. Mayer nicht nach einem systematischen Princip. sondern nur nach hausbackenen Combinationen gerechnet hat.

Bei allem dem beharre ich bei meiner Ansicht, dass ich der blossen Idee. an sich allein. gar keinen Werth beilege. Ich werde mich also um so weniger darin mischen, ob Encke etwas schreibt oder nicht schreibt, was die Tendenz hat, nachzuweisen, dass ein anderer dieselbe Idee früher schon gehabt habe. Lagrange übrigens, bei allem seinen reichen Genie, war im Ganzen nicht gerade der Mann, derartige Ideen praktisch fruchtbar zu machen, wobei ich natürlich nicht die ganz gewöhnlichen alltäglichen Fälle meine, wo die Anwendung der Idee unmittelbar sich von selbst ergiebt.

Stets der Ihrige

C. F. Gauss.

Göttingen, 24. Junius 1850.

Nº 1296. **Schumacher an Gauss.** [750]

Allerdings, mein theuerster Freund, hätte ich bei Vulz nachfragen können, und würde es gethan haben, wenn ich nicht seit längerer Zeit eine Art von Vorurtheil gegen Alles, was von ihm kommt, gefasst hätte. Ich druckte den Aufsatz nur aus den Ihnen angegebenen Gründen, und bekümmerte mich eigentlich wenig darum. Mein verantwortlicher Bürge, dass er zu verstehen. seyn müsse, war das Institut, das ihn in die Comptes rendus aufgenommen hatte. Wenn Sie es wünschen, will ich aber gerne ihn (Vulz) um eine Zeichnung ersuchen, was wohl sicherer als eine neue Beschreibung, wenn nicht zum Verständ-

niss, doch zu der Einsicht führen würde, ob ein Verständniss
überhaupt möglich sei.

Erlauben Sie mir Sie herzlich und dringend zu bitten, wenn
Sie bestimmte Beobachtungen wünschen, mir nur ein Wort darüber zu schreiben, und Sie sollen alle solche Beobachtungen.
die mir zukommen, augenblicklich, wie ich sie empfange, mitgetheilt erhalten. Sie machen mir dadurch eine wahre Freude.

Petersen's Comet scheint ganz zu der Untersuchung geeignet
ob Cometen in beiden Zweigen vor und nach dem Perihel
dieselbe Bahn beschreiben, was, wie Sie mir einmal bemerkten,
nicht als bewiesen zu betrachten ist. Er wird in der südlichen
Halbkugel den ganzen September hindurch noch zu beobachten
seyn. Sonntag hatte aus seinen und Götze's Elementen eine
Ephemeride um die scheinbare Bahn übersehen zu können, berechnet, deren letzte Tage sind:

					log r	log Δ
Aug. 20	195°16'	— 50°25'	0,0688	9,9632
,, 21	195 8	51 15		
,, 22	195 0	51 58	0,0735	9,9788

Sie gilt für mittleren Greenwicher Mittag. Richard hat sie
nach D'Arrest's verbesserten Elementen, aber für mittleren
Berliner *) Mittag fortgesetzt.

Seine ersten Tage sind

Aug. 20	195° 5',8	— 50°33',2	0,0689	99627
,, 24	194 37, 2	53 32, 3	0,0786	98939

Sein letzter Tag ist

Octob. 8	196°30',9	— 74°13',9	0,1059	0,2015

Das Minimum der AR (193° 54') fällt auf den 7. September
mit — 62° Declin. Am 3. October ist log Δ nur wenig grösser

*) Ich übertrug sie ihm Dienstag Mittag mit der Bedingung, sie des
Abends um 9 zur Post zu liefern, und Petersen hatte den Nautical Almanac,
den er vorzugsweise braucht, mit nach seinem Hause genommen, den Richard
um Zeit zu gewinnen nicht holen wollte. Er nahm also das Berliner Jahrbuch. Encke war etwas betroffen, als ich ihm zeigte, dass die Bedeckung
α Leon. (Mai 18) im Berliner Jahrbuch ausgelassen sei.

als bei der Entdeckung. Ich habe Airy ersucht diese Epheme-
riden der Sternwarte um Cap zu senden.

Das was Sie über den relativen Werth einer Grundidee
sagen, scheint mir in so wenig Worten die Sache in ihr rechtes
Licht zu stellen, dass ich Sie um die Erlaubniss bitten möchte
es gelegentlich (natürlich nicht bei dieser Gelegenheit) benutzen
zu dürfen.

Ein junger Berliner Astronom Schubert (der früher bei
Boguslawski war) ist nach America gegangen, und dort unter
den Rechnern für den Nautical-Almanac, den sie (i. e. die ame-
ricanische Marine) herausgeben, angestellt. Gould schreibt mir,
dass dieser Schubert gefunden habe, dass mehrere Jahre in Airy's
Planetary Reductions zu streichen sind, weil sie bei der Rechnung
unrichtige Fadenintervalle gebraucht haben. Wenn man Airy's
ängstliche Vorsicht und strenge Ordnung kennt, so ist die Sache
schwer zu glauben. Das Detail kommt in No. 9 von Gould's
astronomischem Journale, das übrigens sehr unordentlich nach
Europa kommt. Ich habe nur No. 1, 2. 3, 5. Er wünscht sehr
zu wissen, was Sie erhalten haben.

Ihr ewig dankbarer

H. C. Schumacher.

Altona, 1850. Junius 27.

N? 1297.　　　**Schumacher an Gauss.**　　　[751

Mein theuerster Freund!

Die Uebersetzung von Sawitsch's practischer Astronomie ist
jetzt fertig. Sawitsch hat bei der Revision, Ihre Methode
Sonnenfinsternisse zu berechnen eingeschaltet und Götze wird
als Beispiel die totale Sonnenfinsterniss des nächsten Jahres berechnen. Ihre Methode ist aus Ursin's Dissertation genommen.
Nun habe ich eine dunkele Erinnerung, dass Sie mir einmal
gesagt hätten, Ursin habe dabei Versehen begangen. Ist dies
wirklich der Fall und täuscht mich mein Gedächtnis nicht (was
sehr leicht möglich ist), so möchte ich Sie gehorsamst bitten,

wenn es ihnen sonst nicht viel Mühe macht, diese Fehler anzuzeigen, damit sie jetzt verbessert werden könnten.

Gouyon hat mir folgende Elemente der Parthenope gesandt,
die aus Neapel Mai 12, Altona Mai 29, und Paris Junius 9
berechnet sind.

Epoche 1850, Mai 26,43063   M. Zt. Paris.

M. Anomalie.... 287°57′ 27″,2 ⎫
π............ 317 38 42, 5 ⎬ m. Aeq. 1850, Mai 26
☊............ 125 3 49, 5 ⎭
i............. 4 36 31. 4
φ............ 5 32 40, 82   e = 0,0060217
log a......... 0,3886409 .
  Umlaufszeit 3,8279 Jahre.

Er bemerkt, dass die mittlere Beobachtung auf 0″,4 in Länge
und 0″,2 in Breite dargestellt werde. Muss man nicht eigentlich
bei Ellipsen angeben, wie alle 3 Beobachtungen dargestellt werden?

Ihr ewig dankbarer

H. C. Schumacher.

Altona. 1850. Julius 6.

N° 1298.   Gauss an Schumacher.   [547

Ich danke Ihnen, mein theuerster Freund, dass Sie mir zur
Berichtigung etwaniger Fehler in Ursinus Schrift Gelegenheit
haben geben wollen. Es ist auch mir so, als hätte ich damals
in mehreren Beziehungen seine Auffassung meines mündlich ge-
haltenen Vortrags ungehörig gefunden, aber auch mir ist die
Erinnerung ganz unsicher. Für jetzt, namentlich so lange die
Vorlesungen dauern, kann ich auf nochmalige Durchlesung jener
Schrift die erforderliche Zeit nicht verwenden, und auch für die
Zeit der Ferien habe ich mir bereits anderweitige Beschäftigungen
vorgesetzt. In meinem Alter und bei sehr schwankendem Gesundheitszustande muss ich die wenige Zeit, die mir auf eigene
wissenschaftliche Arbeit noch vergönnt sein mag, zu Rathe halten.

Von Gould's Journal habe ich bis jetzt die Nummern 1—6

erhalten. Ausserdem habe ich aus den Nummern 8, 9 einen
Theil in einem besondern Abdrucke aus New-York erhalten,
welcher Längenbestimmungen des Hudson Observatory aus verglichenen Mondsculminationen von Loomis enthält. Solche an
sich gut gemeinte Höflichkeiten werden doch, aus so entfernten
Gegenden, zuweilen etwas lästig, wenn man z. B. für 2½ be-
druckte Quartblätter, an deren Inhalt man gar kein specielles
Interesse nimmt, und wovon man das Original ohnehin später
in der betreffenden Zeitschrift erhält, fast 1 Thlr. Porto zu bezahlen hat.

Die Barbarei französischer Gerichtshöfe, einen Gelehrten zu
10 Jahr Zuchthaus zu verurtheilen, ohne ihm oder seinem He-
vollmächtigten, auch nur eine Vorladung vorher zugehen zu
lassen, ist doch empörend.

Goldschmidt hat s. Z. die elliptischen Elemente der Parthenope vollendet, die wenig von denjenigen abweichen, welche
andere Rechner gefunden haben. Er legt wenig Werth darauf,
dass sie jetzt noch gedruckt werden, wird aber alle bis jetzt
bekannt gewordenen Beobachtungen (inclus. der in der heute ein-
getroffenen Nummer 720 der A. N. enthaltenen) vergleichen.

Können Sie mir nicht sagen, ob und wo der Maler Jensen,
der vor 10 Jahren mein Bild machte, noch lebt und wie es
ihm geht?

Stets der Ihrige

C. F. Gauss.

Göttingen, 9. Julius 1850.

P. S. In dem Augenblick, wo ich diesen Brief schliessen
will, erhalte ich № 7 und 8 von Gould's Journal. Letztere enthält u. a. die Note von Schubert über die falschen Greenwicher
Fadenintervalle, wobei doch mit unbegreiflicher Nachlässigkeit
zu Werke gegangen zu sein scheint; erstere u. a. die Bekanntmachung über das Cessiren der Cometen-Medaillen.

Meine Bitte war nur für den Fall gestellt, dass Sie, mein
theuerster Freund, sich der von Ursin begangenen Fehler er-
innerten. Ich dachte mir, Sie hätten sie am Rande Ihres Exem-
plars der Dissertation notirt. Götze wird nun alle Formeln
nachrechnen, um wenigstens sicher zu seyn, dass Ursin darin
keinen Fehler begangen hat, was in der Art der Darstellung
verpfuscht ist, kann er aber nicht verbessern.

Die eben erhaltenen Beobachtungen der Parthenope von
Plantamour füge ich bei, dessen Beobachtungen gewöhnlich
sehr gut sind.

Ich nehme das Gould'sche Journal niemals an, wenn ein
unvernünftiges Porto gefordert wird, und habe so 3 Nummern
zurückgewiesen, für deren jede ich von 2 ℔ 4 ß bis 2 ℔ 6 ß
bezahlen sollte. Man kann dies sicher thun, ohne ihm Kosten zu
machen. Die Nummern werden hier oder in England zerstört,
und nicht mit doppelten Porto nach America zurückgesandt.
Die letzte Nummer refusirte ich vorgestern. Ich schreibe ihm
morgen, Ihre und meine Nummern an Dent in London zu senden, was er postfrei thun kann. Dent schickt sie mir kostenfrei mit den Capitainen der Dampfschiffe, oder mit den Mail-
Officiers.

Was Sie mir über Airy's Reductionen schreiben, hat mich
in Erstaunen gesetzt. Ich glaubte eher Schubert habe sich versehen. Airy hat manche Feinde in England, so dass der Vor-
fall ihm sehr unangenehm seyn muss.

Was K. über N. mir sagte, scheint ein absichtlich von oben
in P. verbreitetes Gerücht zu seyn. Vielleicht war es für N.'s
Wirken auf der Reise gut, dass man ihn in Ungnade glaubte.
Ich habe sehr starke Gründe anzunehmen, dass er es nicht ist.
Er geht bald nach Pyrmont.

Ihr ewig dankbarer

H. C. Schumacher.

July 10.

Die Beobachtungeu habe ich, damit Sie sie abschneiden
können, auf einem besonderen Blatte geschrieben.

Parthenope.

M. Zt. Genf.	AR.	Südl. Abw.	Vergl. Stern.	Zahl der Vergl.
Jun. 9. 10ᵏ 5′ 31″	224° 21′ 6″,7	9° 43′ 28″,0	n	4
„ 10. 10 1 52	— 12 42, 2	— 43 45, 0	u	4
„ 16. 9 40 15	223 30 51, 3	— 48 31, 3	a	1
„ 18. 9 89 53	— 20 16, 8	— 51 20, 3	n	4
„ 19. 10 5 4	— 15 33, 0	— 52 59, 2	a	4
„ 23. 10 49 13	— 0 50, 6	10 0 59, 6	b	2
10 51 13	— 1 7, 6	— 1 2, 8	a	2
„ 24. 9 47 17	222 58 28, 5	— 3 14, 1	b	3
„ 26. 10 1 49	— 54 42, 4	— 8 28, 2	b	3
10 23 2	— 54 40, 6	— 8 21, 5	c	3
„ 30. 9 44 2	— 52 32, 6	— 20 17, 1	d	4
9 44 2	— 52 37, 0	— 20 20. 1	e	4
10 2 29	— 52 29, 4	— 20 15, 5	c	2
Jul. 3. 9 37 19	— 55 19, 7	— 30 32, 2	d	4
9 37 19	— 55 26, 1	— 30 36, 7	e	4

Rümcker hat a) am Meridiankreise bestimmt 14ᵏ 54′ 44″,72
— 9° 47′ 51″,1.

Mittlere Orte für 1850,0

a) Bess. XIV	1027	14ᵏ 54′ 45″,27	— 9° 47′ 51″,9
b) „	876	— 46 14, 66	10 12 53, 9
c) Lalande	27286	— 51 45, 69	10 10 32, 3
d) 17 Libr.		— 50 6, 09	10 32 55, 1
e) 18 Libr.		— 50 47. 51	10 32 15, 0

So eben bringt Herr Sonntag mir auch die von ihm am
hiesigen Meridiankreise bestimmten Vergleichungs-Sterne zu Parthenope. Es ist a darunter, nicht b, c, d, e. Er fand:

Mittlere Ort 1850,0

u Mai 13.   14ᵏ 54′ 44″,02   — 9° 47′ 51″,6
„ 17.   — — 45, 01   — — 53, 1

Er bringt auch die folgenden Beobachtungen der Parthenope am M. K. die bis auf die letzte schon in 718 gedruckt sind, weil die Declinationen bei einer schäferen Reduction kleine Correctionen erhalten haben.

	M. Zt.	AR.	Südl. Abw.
Mai 29.	10 36 50	226° 16′ 21″,4	9° 50′ 36″,4
„ 30.	— 32 6	— 4 20, 1	— 49 10, 2
Jun. 1.	— 22 41	225 41 6, 1	— 46 56, 2
„ 2.	— 16 1	— 29 58, 6	— — —
„ 3.	— 13 22	— 19 6, 0	— 45 10, 0
„ 7.	9 54 59	224 39 12, 9	— 43 29, 6

N.º 1300.   Schumacher an Gauss.   [753

Ich hatte meinen Brief schon vollendet, als ich den beiliegenden von Mundt, der Professor in Boröe war, und jetzt nach Aufhebung der Ritter-Academie mit Gehalt oder Pension quiescirt ist, nebst der gedruckten Beilage und Manuscript, das ich Ihnen mit der fahrenden Post sende, erhielt. Manuscript und Brief erbitte ich mir gelegentlich zurück.

Wer könnte in dieser Angelegenheit wohl besseren Rath und Anleitung geben als Sie, mein theuerster Freund? Ich kenne Mundt nicht persönlich, weiss aber von Olufsen, dass er ein geschickter Rechner ist und Beharrlichkeit mit eisernem Flusse verbindet. Es ist kein Project, bei dem man besorgen muss, dass es nicht ausgeführt werde (den einzigen Fall wo Unterbrechung möglich wäre, hat er selbst angegeben, der wird aber gewiss in einigen Jahren nicht eintreten), und so verdient er, wie ich glaube, Ihre Unterstützung, damit seine Kräfte nicht vergeudet werden, und seine Arbeit von vorne herein richtig geleitet werde. Nehmen Sie sich seiner an.

Wegen eines Verlegers, zumal wenn er nach Ihrem Wunsche seine Arbeit macht, bin ich nicht besorgt. Mauke wird gerne den Verlag übernehmen.

Die Umstände des Libri'schen Prozesses sind mir nicht ganz mehr gegenwärtig. Ich glaube, dass er sich der Untersuchung (die durch die Revolution unterbrochen ward) durch Flucht nach England entzog, kann es aber nicht mit Gewissheit behaupten. Dass etwas in der Form des Verfahrens versehen sei, ist bei der Aengstlichkeit, mit der französische Gerichtshöfe an den Formen hängen, nicht sehr wahrscheinlich. Der Appellationshof spricht fast immer über Nullität*), d. h. Versehen in den Formen sein Urtheil aus. Ob aber die Anklage bewiesen ist, oder nicht, ist eine andere Frage, und in diesem Puncte ist, wie ich glaube, denn ich kenne das französische Recht zu wenig, von dem Ausspruche der Jury keine Appellation, mag er auch noch so ungerecht seyn. Es genügt, dass die Jury sich von der That-sache überzeugt hält, und der Richter wendet nur das Gesetz auf die durch die Jury constatirte Thatsache an.

Ihr ewig dankbarer

H. C. Schumacher.

N? 1301.　　　Gauss an Schumacher.　　　(548)

Ich verfehle nicht, Ihnen, mein theuerster Freund, Ihrem Verlangen zufolge den Mundt'schen Brief zurückzusenden. Ma-nuscript, welches Sie auch zurückverlangen, habe ich keines gefunden. Vermuthlich meinen Sie die Druckprobe, die ich gern erst noch einem oder dem andern zu zeigen wünschte, und die demnächst auch zurückerfolgen soll, obwohl ich deshalb etwas ungewiss bin, da Mundt schreibt, dass er Ihnen mehrere Exemplare beilege. Soll ich ganz aufrichtig sprechen, so darf ich, zumahl da Herr Mundt die Arbeit nicht ganz gern auszu-führen scheint, Ihnen nicht verschweigen, dass ich, wenn ich im Rückblick alles was ich seit 50 oder 55 Jahren numerisch gerechnet habe, auch nicht einen einzigen Fall wüsste, wo ich von diesen Tafeln Gebrauch gemacht haben würde, insofern Taylor's oder Dagay's Tafeln einerseits, und Vega's Thesaurus

---

*) Ich glaube sogar, man kann in Frankreich nur wegen Nullität appelliren, Sie werden das von einem Ihrer juristischen Collegen erfahren können.

andererseits mir zu Gebote gestanden. In 99 Fällen unter 100 oder 999 unter 1000 reichen 7 Decimalen aus, und dann wird Niemand Tafeln brauchen, die nur theilweise einzelne Secunden geben, wenn er solche anwenden kann, die alle Secunden im ganzen Quadranten geben; in Fällen aber, wo [*]) man gerne mehr Schärfe haben will, als 7 Zifern geben können, würde wenigstens ich auch wieder nicht 8 Zifern, sondern vielleicht 10 auwenden. Eine dergleichen Rechnung von ziemlicher Ausdehnung habe ich theilweise unter einiger Beihülfe von Goldschmidt, habe ich neuerlich u. s. gemacht, indem ich die Function

$$e^{-\cot g\,\S\,\varphi^2}$$

in einer nach den Cosinussen der Vielfachen von φ fortlaufenden Reihe entwickelte, so dass alle Coefficienten bis auf eine Einheit in der zehnten Zifer zuverlässig wurden (die Glieder bleiben so noch merklich bis zu etwa $\cos 53\,\varphi$). Das sehr Lehrreiche, was sich auf diese Weise ergab, wäre ganz verloren gewesen, wenn ich nur mit 8 Zifern gerechnet hätte. — Ich will damit nicht gesagt haben, dass es andere Rechner geben mag, denen Tafeln mit 8 Zifern angenehm sind, halte mich aber für incompetent, in die Seele solcher Rechner ein Urtheil abzugeben.

Ich ersuche Sie an Gould nichts über Abänderung der bisherigen Absendung seines Journals an mich zu schreiben; jede Veränderung wäre in peius, da ich sie hier ohne alle Kosten, auch vergleichungsweise ziemlich früh, erhalten. An der in meinem Briefe erwähnten Sendung eines Extraabdrucks hatte natürlich Gould gar keinen Antheil, sondern der Verfasser des Artikels Loomis hatte ihn, von New-York aus, direct durch die Post geschickt.

Libri's Reclamation stand in einem Artikel der Times, worin er erklärt, dass weder ihm noch seinem Anwald irgend eine gerichtliche Vorladung zugekommen sei.

Wer ist wohl der etc. Bernhard, der mir neulich ein wahnwitziges Pamphlet, von dem ich natürlich gar keine Notiz ge-

---

[*]) Ueberhaupt glaube ich behaupten zu können, dass bei allen Rechnungen, die sich auf die Körperwelt beziehen, 7 Zifern immer zureichen, wenn man es recht anfängt. Mehr Zifern werden nur wünschenswerth bei theoretischen Untersuchungen, oder bei Construction der Cadres von Tafeln

nommeo habe, über Ihre Verkennung seiner Cirkelquadratur
(4 : 13) zugesandt hat. Nur dunkel glaube ich mich zu erinnern,
dass er mir vor längerer Zeit eine eben so wahnwitzige Druck-
schrift zugesandt hat, die ich aber nicht mehr auffinden kann.

Stets der Ihrige

C. F. Gauss.

Göllingen, 19. Juli 1850.

№ 1302.   Schumacher an Gauss.   [754

Ich werde Herrn Mundt, mein theuerster Freund, schreiben,
dass Sie, d. h. der berühmteste unter meinen berühmten Freunden, auf den er provocirt, keine Tafeln mit 8 Decimalen besonders nöthig halten. Ich selbst habe keine Meinung mehr darüber, da ich nur in sehr einzelnen Fällen Rechnungen mache,
aber ich gab Olufsen den Rath, weil Bessel bei der Berechnung
seiner geodätischen Operationen wiederholt dringend den Wunsch
nach solchen Tafeln ausdrückte. Er meinte recht gut, nicht
mit 7, aber mit 8 Decimalen auskommen gekonnt zu haben,
während er jetzt die Vega'schen mit 10 hätte brauchen müssen,
die die Arbeit mehr als nöthig vergrösserten, und bei denen die
10. Decimale oft unsicher sei, so dass man nicht einmal den
Trost hätte, mit der grösseren Arbeit auch die damit eigentlich
zu erreichende Genauigkeit erreicht zu haben.

Gould habe ich, wie ich Ihnen meldete, schon am Freitag
geschrieben, und ihm angezeigt, welche exorbitante Preise Sie
und ich bezahlt (oder was mich betrifft, hätte bezahlen sollen)
hätten. Ich habe ihn ersucht, unsere Exemplare an Dent zu
adressiren, von wo aus ich sie ganz umsonst hier erhalte. Der
Vortheil scheint mir so evident, dass ich, bevor ich meinen
Auftrag in Bezug auf Ihr Exemplar zurücknehme, ich erst Ihre
bestimmten Befehle darüber erwarten will. Denn soll es aber
auch sogleich geschehen.

Ich glaube, dass wenn Jemand sich der schon angefangenen

gerichtlichen Untersuchung durch Flucht entzieht, *) das Gericht über ihn als einen Abwesenden ohne zweite Vorladung sprechen kann, unterwerfe mich aber gerne dem Urtheil der Juristen ex professo.

Ein gewisser Bernhard, der wahrscheinlich (mein Bernhard hatte auch $\pi = 4 : 13$) derselbe ist, der mich früher oft quälte, hat also, wie ich aus Ihrem Briefe sehe, jetzt sich gegen das Publicum über mich beklagt? Ich glaube sehr ruhig dabei seyn zu können. Er hat mich früher fast mit Thränen beschworen, bei den wenigen Jahren, die mir noch übrig seien, nicht die Sünde auf mich zu laden, die Wahrheit gegen meine bessere Ueberzeugung abzuläugnen. Ich that anfangs mein Bestes ihn von seinem Irthume zu überzeugen, was, wie ich bekenne, eine grosse Thorheit war, und schlug ihm vor, eingeschriebene und umschriebene Vielecke zu berechnen, um wenigstens zu sehen, zwischen welchen Gränzen die Wahrheit läge. Er antwortete mir: das beruhe auf dem Pythagorei'schen Lehrsatz, durch den alles Unglück in die Mathematik gekommen sei. Dass er nicht theoretisch überzeugt werden könne, sah ich vollkommen ein. Ich versuchte es also practisch, und rieth ihm sich einen Holz-Cylinder von 1 Fuss Durchmesser bei einem Block-Drechsler zu bestellen, und dessen Umfang mit einem Papierstreifen zu messen, wo er denn finden würde, dass sein Verhältniss den Umfang mehr als einen Zoll zu gross gäbe. Seitdem habe ich ihn nicht wieder gesehen, und schwerlich hat er den Versuch gemacht.

Das Manuscript werden Sie mit einem aus England an Sie gesandten Packen erhalten haben. Den Probedruck bedarf ich natürlich nicht zurück.

Ihr ewig dankbarer

H. C. Schumacher.

Altona, 1850. Juli 14.

---

*) Es sind auch im brittischen Museum, wie ich dunkel erinnere, unangenehme Vorfälle mit Libri gewesen, über die ich Airy oder Sheepshanks befragen will.

Hieneben das übersandte Manuscript zurück, indem ich mich auf meinen vorigen Brief beziehe. Ich habe schon öfters auch öffentlich ausgesprochen, dass in Beziehung auf viele Punkte ein allgemeines Urtheil bei Logarithmentafeln gar nicht möglich ist. Was einem willkommen ist, kann einem andern in hohem Grade widerwärtig sein. Bei mir z. B. gilt der Grundsatz Superflua nocent (und nicht wie die Juristen sonst sagen non nocent) ganz überwiegend. Wenn u. a. eine Tafel, die ich oft brauchen soll, mit allerlei Anhängseln beschwert ist, die ich selbst bei dem Hauptgebrauch jener Tafel nicht verlange, so verleidet mir dies Anhängsel die ganze Tafel, und ich wende lieber eine andere Edition an, die von solchem Himphamp frei ist, selbst wenn diese Edition in andern Stücken jener nachstehen sollte. So z. B. bei den gewöhnlichen Logarithmen der Zahlen will ich die Zusätze (wie hier pag. 1), die zur Verwandlung der Zahlen, als Secunden betrachtet, in Minuten und eventuell Grade dienen soll, nicht haben; jeder, der nur ein Minimum von Fertigkeit hat, macht diese Verwandlung, wo es nöthig ist, im Kopf, und die Logarithmen der Zahlen will ich durchaus wie eine für sich selbstständige Tafel rein haben. Andere haben darin einen andern Geschmack.

Eine andere Erinnerung dagegen würde wohl allgemeine Anerkennung finden. In dem Theil der Tafel, wovon pag. 5 eine Probe giebt, sollte der Verticalstrich, der zwischen dem mit 4 und 5 überschriebenen Columnen sich befindet, stärker als die andern sein. Es ist diess in den meisten (vielleicht in allen) Tafeln sonst beobachtet, und erspart eine lästige Attention oder das Hinauffahren in den Columnen. — Es ist diess eine von den vielen Kleinigkeiten, die doch bei täglichem Gebrauch so schwer wiegen, dass ich eine Ausgabe, wo dies nicht beobachtet ist, niemals benutzen möchte, insofern ich andere zur Hand habe. Inzwischen unterlasse ich in Beziehung auf meinen vorigen Brief, noch weiteres hinzuzufügen.

Stets der Ihrige

C. F. Gauss.

Göttingen, den 17. Julius 1850.　　　Eilig.

Indem ich eben am schon vor mir stehenden brennenden Licht siegeln will, erhalte ich Ihren Brief vom 14.

Ich habe nichts hinzu zu setzen als:

1) Die Bitte dem Herrn Gould doch anzuzeigen, dass Ihr Schreiben in Beziehung auf mich auf einem Missverständnisse beruhe, da er.allen gethan hat, mir die Nummern seines Journals kostenfrei zu verschaffen und ich sie auch bisher wirklich ganz kostenfrei zur Stelle, d. h. in meinem Hause erhalten habe. Dass zu Zeiten einzelne Abdrücke von dritten Personen an mich gelangen, daran hat er keine Schuld und lässt sich dies auch nicht ändern.

2) Da ich sehe, dass Sie Bernhard's letztes Werk nicht kennen, so schicke ich es Ihnen. Ich brauche es nicht zurück, und mögen Sie es nach Belieben in den Kehricht werfen.

T. T.

No 1304. **Schumacher an Gauss.** [755

Ich sende Ihnen, mein theuerster Freund, die eine der mir neulich gesandten Beilagen zurück, indem ich wirklich nicht weiss, was ich damit machen soll. Es muss allerdings Jedem gleichgültig seyn, wenn er vom Pöbel, oder Geistesschwachen, mit Koth beworfen wird, warum man aber solche ehrlose Verläumdungen, als die von dem Verfasser des Pasquills, ich hätte den Hr. unterzeichneten Artikel geschrieben oder veranlasst, lesen soll, wenn man es nicht nothwendig muss, sehe ich nicht recht deutlich ein.

Ihr ewig dankbarer

H. C. Schumacher.

1850. Julius 20.

№ 1305.   **Schumacher an Gauss.**   [756

Von Humboldt hatte ich mehrere Briefe empfangen, ohne etwas über Eisenstein zu hören. Vor etwa 14 Tagen fragte ich ihn ob etwas über ihn entschieden sei? und erhielt gestern Abend einen Brief datirt Jul. 31, der über E. nichts als die wenigen Worte

„Eisenstein ist jetzt allem politischen Treiben fremd und liefert neue, treffliche, gediegene Arbeiten,"

enthält. Ich theile sie Ihnen, mein theuerster Freund, so wie ich sie erhalten habe mit, um zu beweisen, dass ich ihren Auftrag nach besten Kräften ausgeführt habe, aber ich verstehe sie nicht ganz. Vielleicht will H. einer bestimmten Antwort, ehe eine definitive Entscheidung gefasst ist, ausweichen. Er beantwortet eine Frage, die ich ihm nicht vorgelegt habe.

Ihr ewig dankbarer

H. C. Schumacher.

Altona, 1850. August 2.

───

№ 1300.   **Schumacher an Gauss.**   [757

Der Amtmann in Ratzeburg, Prehn, hat mir für Sie und mich Exemplare seiner Abhandlung mit dem Ersuchen gesandt, Sie, mein theuerster Freund, bei der Uebersendung um die Erlaubniss zu bitten, bei Ihnen persönlich, sobald die Geschäfte und Umstände es gestatten, Belehrung über den von ihm behandelten Gegenstand holen zu dürfen. Die Abhandlung geht demzufolge heute unter Kreuzband an Sie ab.

Aus Herrn v. Lindenau's Abhandlung, die ich vorzüglich aus persönlichen Rücksichten, die, nach Weber's Brief, durch die von Ihnen angedeuteten statistischen Rücksichten verstärkt werden, nicht gut zurücklegen kann, habe ich Alles ausgeschieden, was sich auf die Aufforderung an Sie und Weber bezieht.

Ihr ewig dankbarer

H. C. Schumacher.

Altona, 1850. August 30.

Nº 1307.　　　**Gauss an Schumacher.**　　　[550

Ich kann es nicht unterlassen, Ihnen, mein theuerster Freund, bei Ihrem Uebertritt in Ihr achtes Lebensdecennium meine herzlichsten Glückwünsche darzubringen. Möge vor allem das trübe Dunkel, welches noch über unserm öffentlichen Verhältnissen liegt, sich bald zerstreuen, so dass auch Sie in ruhiger Freudigkeit in das vor Ihnen liegende neue Stadium eines schönen Lebens schauen können.

Die verschiedenen Abtheilungen des Lebens haben ungleichen Character und Färbung, obwohl man selbst, wenn man in dieselben gelangt, die Ungleichheit nicht so gross findet, als man in jüngern Jahren gemeint hatte. Zum Theil mag der Grund wohl darin liegen, dass der Uebergang allmählich geschieht, und das Alter die Empfindlichkeit, bei einem weniger, bei andern mehr, abstumpft. Die Natur kehrt sich nicht an unsere dekadische Zählung, die uns nur dazu dient, Einschnitte im Leben feiern zu können, die sonst an sich keine scharfe Bedeutung haben.

Diese Erwägung bringt mich noch auf einen verwandten Gegenstand. Ich wusste von Ihnen, dass Sie Doctor Juris sind; Sie haben sogar vor langer Zeit die Güte gehabt, mir Ihre Dissertation zu verehren, die mir leider auch längst (ich weiss nicht wie) abhanden gekommen ist, und um deren nochmalige Mittheilung zu bitten ich kaum wage. Es ist daher nur in Folge einer unsichern Erinnerung, dass ich glaubte, Sie seien ein Göttinger Doctor. Am 7. Junius 1801 (oder nahe um diese Zeit) befanden Sie sich noch hier, indem Ihre Begrüssung Göthens in der Krone von diesem erzählt wird. Dass Göthe Ihnen den Titel Doctor nicht beilegt, beweiset noch gerade nicht, dass Ihre Promotion damals noch nicht Statt gefunden hatte. Ich habe gesucht hierüber Gewissheit zu erhalten, und mir Einsicht in das Promotionsregister der Juristenfacultät verschafft, ohne meinen Zweck zu verrathen. Ich fand auch um diese Zeit einen, oder mehrere Schumacher angeführt, deren keiner aber der rechte war. (Ich meine es war dabei ein Schumacher aus Bremen, den ich wohl später als Senator dort gesehen zu haben mich erinnere.) Ich liess jedoch nicht ab und meine Beharrlichkeit wurde auch, wenngleich nicht vollständig, belohnt. Es steht nemlich unter unter 1806, im Decanat meines verstorbenen Schwiegervaters und von seiner Hand geschrieben:

D. . . . . Henricus Christianus Schumacher Bramstedo-Holsatus ob egregia Ordini probata eruditionis testimonia in absentiu Juris utriusque Doctor renunciatus est avero perillustri Kunde, prodecani munere fungente."

Zu meinem Bedauern ist aber die Lücke, wo das Datum stehen sollte, nicht ausgefüllt, der einzige Fall der Art in dem ganzen dicken Bande. Vermuthlich hat Waldeck, als er die während seines Decanats vorgekommenen Promotionen eintrug, das Diplom nicht gleich zur Hand gehabt, und aus den übrigen Acten dies nicht suppliren können. Der Artikel steht übrigens zwischen zwei andern, die sich auf 12. Julius und 3. August beziehen. Ich meines Theils möchte Sie aber doch bitten, mir gelegentlich dies fehlende Datum anzuzeigen.

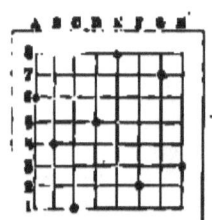

Sie sind, wenn ich nicht irre, ein grosser Freund vom Schachspiele. So interessirt Sie vielleicht eine Aufgabe, die einige Aehnlichkeit mit dem Rüsselsprung hat, und worüber Sie das Nähere in № 361 der illustrirten Zeitung finden (vom 1. Junius 1850). Die Sache ist: man soll 8 Königinnen auf dem Schachbrett so aufstellen, dass keine von den andern geschlagen werden kann. Der Urheber bemerkt, dass es 60 verschiedene Aufstellungen gebe; zunächst wird nur die verlangt, wo zwei Königinnen auf B4 und D5 stehen; es sei sehr leicht, 7 unterzubringen, aber man wisse dann nicht, wo man mit der 8ten hin solle. Ich habe nach einigen Versuchen den speciellen Fall

leicht aufgelöset. Aber zusammen finde ich nicht 60 sondern
70 verschiedene Auflösungen.

Indem ich eben im Begriff war, diesen Brief zu schliessen,
erhielt ich die von Ihnen übersandte Prehm'sche Abhandlung,
von der ich doch erst flüchtig Einsicht nehmen wollte. Darf
ich mich offen gegen Sie aussprechen, so glaube ich nicht, dass
eine Reise des Herrn Verfassers zu seiner Zufriedenheit ausfallen würde. Meine Anforderungen an mathematische Argu-
mentation in Beziehung auf Strenge und Klarheit liegen in der
That von denen des Verfassers soweit entfernt, dass ich an
einer gegenseitigen Verständigung zweifle; wir stehen auf ganz
verschiedenen Boden, wie Conservativer und Radicaler. Solche
Gleichnisse hinken allerdings: in diesem Falle wäre ich der
Radicale, der kein historisches Recht anerkennt, sondern nichts
ohne strengem Beweis des Rechtstitel gelten lässt. Der Unterschied ist aber, dass im Leben Conservativer und Radicaler ihre
Ansprüche à tout prix realisiren, in der Wissenschaft aber die
strengsten Forderungen nur zu unserer eigenen Befriedigung gemacht werden, und man den andern, der sich mit laxen oder
unklaren Beweisen begnügen mag, gern gewähren lässt. Der
eigentliche Kern der Sache ist wie mir deucht folgender:

Es ist der Character der Mathematik der neueren Zeit (im
Gegensatz gegen das Alterthum) dass durch unsere Zeichen-
sprache und Namengebungen wir einen Hebel besitzen, wodurch
die verwickeltsten Argumentationen auf einen gewissen Mechanismus reducirt werden. An Reichthom hat dadurch die Wissenschaft unendlich gewonnen, an Schönheit und Solidität aber wie
das Geschäft gewöhnlich betrieben wird, eben so sehr verloren.
Wie oft wird jener Hebel eben nur mechanisch angewandt, obgleich die Befugniss dazu in den meisten Fällen gewisse still-
schweigende Voraussetzungen implicirt. Ich fordere, man soll
bei allem Gebrauch des Calculs, bei allen Begriffsverwendungen
sich immer der ursprünglichen Bedingungen bewusst bleiben,
und alle Producte des Mechanismus niemals über die klare Befugniss hinaus als Eigenthum betrachten. Der gewöhnliche
Gang ist aber der, dass man für die Analysis einen Character
der Allgemeinheit in Anspruch nimmt, und dem Andern der
so herausgebrachte Resultate noch nicht für bewiesen anerkennt
zumuthet, er solle das Gegentheil nachweisen. Diese Zumuthung

durf man aber nur an den stellen, der seinerseits behauptet ein Resultat sei falsch, nicht aber dem, der ein Resultat nicht für bewiesen anerkennt, welches auf einem Mechanismus beruhet, dessen ursprüngliche, wesentliche Bedingungen in dem vorliegenden Fall gar nicht zutreffen. So ist es sehr oft mit Divergirenden Reihen. Reihen haben eine klare Bedeutung, wenn sie convergiren; diese Klarheit der Bedeutung fällt weg mit dieser Bedingung, und es ändert im Wesentlichen Nichts, ob man sich des Worts Summe oder Werth bedient. Der Raum eines Briefes ist aber viel zu klein, um alles weiter auszuführen. — Nehmen Sie meinetwegen statt obigen Gleichnisses einer Maschine das von Papiergeld. Es kann dies zu grossen Arbeiten vortheilhaft benutzt worden, aber solide ist der Gebrauch nur, wenn ich gewiss bin, es jeden Augenblick in klingende Münze umsetzen zu können.

Es scheint mir übrigens aus einigen Indicien hervorzugehen, dass der Verfasser mit meinen Arbeiten nicht bekannt ist. Er meint die Gültigkeit des Gebrauchs der divergenten Reihen sei allgemein unbedenklich anerkannt noch in den ersten Decennien des gegenwärtigen Jahrhunderts. Ich habe sie nie anerkannt; zwar niemals ex professo dagegen geschrieben, aber überall wo eine Veranlassung war, die Zulässigkeit der Reihen nur unter der Bedingung der Convergenz als sich' von selbst verstehend entschieden ausgesprochen. In diesem Augenblick würde ich nur hinweisen, z. B. auf meine Schrift von 1799, p. 12. Meine Schrift von 1812 über die Reihe $1 + \dfrac{\alpha\beta}{1.\gamma}$ x &c. Die Anzeige meiner Schrift über die Anziehung der elliptischen Sphäroide in den Göttinger gelehrten Anzeigen 1818, p. 547 (auch abgedruckt Monatl. Corresp. 27. Bd. p. 424.) Auch die Art, wie Herr Pr. über die imaginären Grössen spricht, zeigt, dass er sich noch ganz auf dem Standpunkte befindet, auf dem man sich vor 1831 befand, und die gänzlich veränderte Gestalt dieser Lehre, die ich ihr gegeben habe (nur auf ein Paar Seiten aber den Kern der Sache erschöpfend) gar nicht kennt.

Einige Uebereilungen des Verf. sind mir auch bei jener flüchtigen Einsicht in seine Schrift aufgestossen. Die Reihe pag. 11. unten ist divergent, nicht wie jener sagt wenn $x \gtrless 1$, sondern schon wenn $x > \frac{1}{2}$, die Reihe pag. 24 unten divergirt,

nicht wie Herr Pr. sagt, für x = 1, sondern für jeden auch
noch so kleinen Werth von x. Schon hieraus ist klar, dass
die Behauptung pag. 37 unten „Wie auch die gegebene
Reihe u. s. w." falsch ist.
Doch es ist Zeit zu schliessen, um wo möglich noch den
Brief auf die Post zu bringen.

Stets der Ihrige

C. F. Gauss.

Göttingen, den 1. September 1850.

No 1808.   Schumacher an Gauss.   [758

Nehmen Sie meinen herzlichsten Dank, mein theuerster
Freund, für Ihre Wünsche bei meinem 71. Geburtstage. Ich
lebe allerdings jetzt nicht in angenehmen Verhältnissen. Bei
ruhiger Ueberlegung muss ich mir freilich sagen, dass es unbil-
lig wäre nach so vielen glücklichen Jahren sich über endlich
gekommene trübe Jahre zu beklagen, aber ich komme leider
selten zu dieser ruhigen Ueberlegung. Das Unentschiedene und
Ungewisse in meiner Stellung, das nun schon mehrere Jahre
dauert, hat mich sehr angegriffen und in eine fieberhafte gereizte
Stimmung gebracht, die in dem letzten halben Jahre so zugenommen hat, dass ich sie schwerlich, wenn nicht bald Entscheidung kommt, lange aushalten werde. In dieser Stimmung
sind die Augenblicke ruhiger Ueberlegung natürlich selten, in
jedem Augenblicke richtet mich das Bewusstseyn auf, dass nicht
Alles ungewiss ist, und dass ich auf die Fortdauer Ihrer
Freundschaft rechnen darf.
Ich bin im Jahre 1806 zum Doctor Juris in Göttingen in
absentia (damals in Dorpat) promovirt, und muss noch das
Diplom unter meinen Papieren haben, das ich aufsuchen, und
Ihnen daraus den Tag melden werde. Auf der Dissertation
steht er nicht, die hier in Altona in ungewöhnlichem Format
(in 8vo) gedruckt ward. Wie dies zuging kann ich nicht mehr
deutlich erinnern. Ich weiss nur, dass ein damals hier leben-
der Pastor Bolten die Verhandlungen übernommen hatte, und

glaube, dass er mit Runde über die Druckkosten zerfiel, und
deshalb die Dissertation hier, ohne etwas anderes als, Dissertatio Inauguralis, hinzuzufügen sehr incorrect abdrucken
liess. Doctor musste ich damals werden, weil ich über die In-
stitutionen lesen wollte, und konnte es ohne bedeutenden Zeit-
verlust nicht in Dorpat werden, wo man, ehe man zum Doctor
creirt werden kann, vorher Baccalaureus oder Magister seyn
muss. Noch dazu, glaube ich, muss ein bestimmter Zeitraum
zwischen den beiden Graden liegen. Ein fremder Doctor kann
nach vorhergegangenem Colloquio mit der Facultät lesen, wenn
die Facultät ihn dem Minister des öffentlichen Unterrichts em-
pfiehlt. Soviel ich mich erinnere, nahmen diese Formalitäten
soviel Zeit weg, dass ich nicht in dem Winter 1806—1807 lesen
konnte, mein Collegium erst Ostern 1807 anfing, aber bald nach
Copenhagen zurückberufen ward, wo ich bei der Rentekammer
angestellt werden sollte, woraus wiederum da alle Behörden in
dem Englischen Ueberfall Copenhagen verliessen für den Augenblick
nichts ward. Bald darauf ward ich bei Warberg's Abgange, der aus
einem Professor extraordinarius der Astronomie Münz-Director geworden war, zu seiner Professur designirt, und kam 1808 zu Ihnen.
Von diesem Augenblicke an fingen meine glücklichen Jahre an.

Ihr Schachproblem ist sehr interessant, weil es schwieriger
ist als es auf den ersten Blick scheint. Erlauben Sie, dass ich
die Auflösung und die richtige Zahl der Auflösungen meinem
Freunde Staunton, dem Herausgeber der Chess Chronicle, ohne
Sie zu nennen, mittheile? 76 ist doch die Zahl der Auflösungen des allgemeinen Problemes, nicht des speciellen Falles,
wenn zwei Königinnen auf B4, D5 stehen? Zuweilen sind unter den Problemen in den Schach-Journalen (Es giebt jetzt D.
Chess Chronicle, la Régence, Berliner Schachzeitung.) einzelne
die kleine Meisterstücke des Scharfsinns sind. Das kommt freilich nicht häufig, wenn die Ansicht solcher Probleme Sie aber
interessiren kann, so werde ich sie Ihnen mit Vergnügen senden.

Was Sie über den Preho'schen Aufsatz sagen, ist so trefflich, dass ich Sie auch um Erlaubniss bitten möchte es ihm
mittheilen zu dürfen. Er hätte, wenn man divergente Reihen
sicher brauchen soll, seine Mittel für jede divergente Reihe
nachweisen müssen, diese Aufgabe erkennt er aber in seinem

Briefe indirect als seine Kräfte übersteigend an (obgleich es ihm nicht eingefallen zu seyn scheint, dass er Unmögliches verlangt) und betrachtet in seiner Voraussetzung der Möglichkeit, seinen Aufsatz nur als einen Fingerzeig für die, welche die Mathematik in ihrer Gewalt haben, wo eine noch unausgebeutete Mine liege. So weit ich ihn kenne, sucht er ernstlich die Wahrheit und' wird sich nicht abhalten lassen zu Ihnen zu kommen, wodurch er auch wohl von dem Kitzel unreife Früchte zu Markte zu bringen, vollkommen geheilt werden möchte.

Ich habe neulich zufälligerweise einen Beleg des alten Satzes, dass wenig Neues unter der Sonne angetroffen werde, gefunden. Lichtenberg unterscheidet zwischen Physikern und Physicanten (nach der Analogie von Musikern und Musikanten), aber schon Plato unterscheidet zwischen Astronomen und Astronomisirenden. Die einen beschäftigen sich mit den Gesetzen und Bewegungen der Himmelskörper, die anderen, nach Hesiod's Art, mit dem Aufgange und Untergange der Sterne. Die Stelle kommt in dem Gespräche Epinomis vor.

So eben habe ich, da Sie mir erlaubt haben Ihnen das verlorene Exemplar ersetzen zu dürfen, meine Doctordissertation aufgesucht, und mit Verwunderung gesehen, dass nichts, was sich auf die Promotion bezieht, auf dem Titel steht, der ganz einfach ist:

De Servis Publicis Populi Romani Dissertatio Autore
H. C. Schumachero Brunstedo-Holsato. Altonae apud
J. D. A. Eckhardo 1806 8vo

(der Titel hat schon einen Druckfehler). Vielleicht hat Holten die gedruckte Dissertation als Specimen nach Göttingen gesandt, und Differenzen mit Runde gehabt, der eine dort gedruckte Dissertation verlangte, und nach diesem nachlässigen Abdrucke verlangen musste. Meine Erinnerungen sind aber aus diesen Zeiten zu dunkel, um etwas bestimmteres sagen zu können. Nur dass Differenzen waren, weiss ich.

Ihr ewig dankbarer

H. C. Schumacher,

1850. September 4.

No 1309. Schumacher an Gauss. [759

Daher hat mich ersucht, Sie mein theuerster Freund, zu fragen, ob er Aussicht habe etwas durch sein Kopfrechnen zu verdienen, wenn er Ende Octobers nach Göttingen käme. Er will natürlich keine Bürgschaft, sondern nur Ihre Ansicht. Ich meine Sie haben mir früher geschrieben, dass keine Aussicht dazu da wäre. Darf ich ihm dies sagen?

H. C. Schumacher.

No 1310. Gauss an Schumacher. [551

Auf Ihre dem Cometencircular beigefügte, Herrn Dase betreffende, Anfrage kann ich ihnen, mein theuerster Freund, nur erwiedern, dass öffentliche Exhibitionen seiner Rechnungsfertigkeit bei dem hiesigen Publicum, soweit ich dessen Geschmack beurtheilen kann, nur geringe Theilnahme finden, und schwerlich nur seine Reisekosten decken würden, und zu sonstiger Benutzung seines Talents zum Gelderwerb hier keine Gelegenheit sein würde.

Rücksichtlich der in meinem letzten Briefe erwähnten Aufgabe muss ich bemerken, dass die Anzahl der von mir gefundenen Auflösungen nicht 76 sondern 72 beträgt: mit Gewissheit kann ich jedoch nicht verbürgen, dass weiter keine möglich sind. Für die specielle Aufgabe, wo B 4 und D 5 vorgeschrieben sind, habe ich nur die Eine Ihnen mitgetheilte gefunden. Die 72 Auflösungen reduciren sich übrigens auf nur 9 wesentlich verschiedene, indem jede Auflösung 8 Variationen repräsentirt. Es gehen nämlich zuerst aus jeder Auflösung durch Drehung um 90°, 180°, 270°, oder was dasselbe ist, indem man der Reihe nach jede der Quadratseiten unten stellt, 8 andere hervor; und jede dieser Auflösungen liefert in ihrem Spiegelbild, oder was dasselbe ist, auf der Rückseite des Papiers eine neue. Bei einer mehr oder weniger symmetrischen Aufstellung, wäre denkbar, dass die 8 Variationen sich auf nur 4 oder 2 oder Eine reducirten. Allein von dem letzen und vorletzten Fall kann ich sagen, dass sie mit den Bedingungen der Aufgabe unvereinbar sind; hingegen die Möglichkeit einer solchen Symmetrie, wo die 8 Variationen auf 4 zusammenschmelzen, kann ich noch nicht unbedingt verneinen, ich hatte wirklich kurz vor Absendung meines letzten Briefes gemeint eine solche Auflösung gefunden zu haben (daher die 76 anstatt 72), gleich nach Absendung des Briefes, wo ich die Stellung genau besah, fand ich, dass sie unrichtig war. Indessen ist mir doch höchst wahrscheinlich, dass eine derartig symmetrische Auflösung wirklich nicht existirt.

Den Cometen aufzufinden, ist bei jetzt ganz bedecktem Himmel wenig Hoffnung. Auch ist Goldschmidt verreiset und wird erst in 6—8 Tagen zurückkommen.

Stets der Ihrige

C. F. Gauss.

Göttingen, den 12. September 1850.   -

N° 1311.   Schumacher an Gauss.   [760

Nehmen Sie, mein theuerster Freund, meinen besten Dank für die Belehrungen über das Problem der 8 Damen.

Wenn, sobald 2 Damen in der a und b Columne ihren Platz erhalten haben, nur eine Auflösung möglich ist, so liesse sich vielleicht die Zahl der möglichen Auflösungen des Problems durch die Anzahl der Stellungen, die den Damen in diesen beiden Columnen gegeben werden dürfen, entscheiden.

. . Es scheint mir, man brauche in der a Columne nur die Stellungen a 1, a 2, a 3, a 4, zu beachten, denn durch Drehung des Bretts um 180°, und Spiegelbild entspricht

a 1 der Stellung a 8,

a 2   a 7,

a 3   a 6,

a 4   a 5.

Vielleicht aber darf die Dame nicht in den Ecken stehen,

8

und dann wären nur 8 Stellungen auf der e Columne zu betrachten.

Jede Stellung in der Ecke schliesst unmittelbar 2 Stellungen in der b Columne aus, es sind also für die Stellung a 1 6 Fälle zu betrachten

a 1 mit b 3, b 4, b 5, b 6, b 7, b 8.

Für jede andere Stellung auf a, werden unmittelbar 3 Felder der b Columne ausgeschlossen. Nemlich

bei a 2 sind möglich b 4, b 3, b 6, b 7, b 8,
a 3　　　　　　b 1, b 5, b 6, b 7, b 8,
a 4　　　　　　b 1, b 2, b 0, b 7, b 8.

Dies gäbe also 21 mögliche Stellungen der Damen in den beiden ersten Columnen, wenn nicht aus Gründen, die ich nicht kenne, einige davon unzulässig sind, und wenn die Eckstellungen ausgeschlossen sind 15. Es wären also $8 \times 21 = 168$, oder $8 \times 15 = 120$ verschiedene Auflösungen des Problems, von denen nur 21 oder 15 Grundauflösungen sind, aus denen die anderen durch Drehung des Bretts und Spiegelbild abgeleitet werden.

Wenn die Zahl 9 deren Sie erwähnen exclusiv ist, so müssen die Stellungen auf der a und b Columne Beschränkungen unterworfen seyn, die ich nicht kenne, aber gerne wissen möchte, vorausgesetzt, dass die Erklärung Ihnen nicht Mühe macht.

Es ist mir neulich in einem alten Buche ein witziger Aufsatz aufgestossen, den ich Ihnen, wenn Sie einmal zu leichter Lectüre disponirt sind, empfehlen möchte. Wenn dieser Fall eintrifft, lassen Sie sich den 12. Band von Köhler's Münzbelustigungen von der Bibliothek holen. Sie werden darin p. 369 eine Medaille auf eine Gesellschaft der Wahrheitsfreunde finden, die ein Graf Manteuffel 1786 in Berlin um die Wolffsche Philosophie zu befördern gestiftet hat. Diese Nummer ist eigentlich nicht die, welche ich Ihnen zur Unterhaltung empfehle, aber es ist nothwendig um das folgende zu verstehen, sie und namentlich die Gesetze der Gesellschaft gelesen zu haben. Was ich eigentlich meine, ist die Medaille auf Wolf p. 385 und der Commentur dazu von einem Anonymen, der sich Alethophilus unterschreibt. Dieser Commentar ist eine feine Persiflage der Ansprüche die Wolf machte und des Zweckes der Gesellschaft,

die damals (wie später Andere die Hegel'sche Philosophie) die
Wolfische Philosophie als die bocca di verità darstellen wollte.
Der zweite Brief p. 410 ist schwächer, der dritte Brief p. 434
sehr schwach, mehr Invective als Ironie; belustigend ist es vielleicht zu sehen, wie Köhler, dem damals möglicherweise von
Wolfischen Philosophen in Göttingen zugesetzt seyn mag, böse
wird, und den Anonymus aus Poststempeln und Siegeln die
Maske abzuziehen versucht. Der Alethophilus erscheint noch
einmal (Th. 13, p. 409) bei Gelegenheit einer Medaille, wo bei
Wolf's Rückkehr nach Halle, die Sonne aus den Wolken her-
vortritt; aber ausser-dem, was er über Köhler's Bemühungen
ihn zu entdecken sagt, kann ich, auch hier nicht viel Belustigen-
des finden.

Indem ich wieder das Schachproblem überdenke, werde ich
besorgt, dass in meinen Schlüssen etwas vorausgesetzt ist, was
vielleicht nicht statt findet. Sie haben mir gesagt, dass wenn
man 2 Damen auf a 6, b 4 stellt, keine andere als die von Ihnen
gegebene Auflösung möglich ist; Sie haben aber nicht gesagt,
dass für jede beliebige Stellung der Damen in der a und b Columne nur eine Auflösung des Problems möglich sei. Nur wenn
der letzte Satz wahr wäre, scheinen mir meine Schlüsse richtig;
denn bei jeder Auflösung des Problems muss eine Dame, in der
a Columne, die andere in der b Columne in irgend einer Stellung
stehen, da nun für diese Stellung (den von Ihnen nicht aufge-
stellten Satz als richtig angenommen) die gegebene Auflösung
die einzig mögliche ist, so hängt die Zahl der Auflösungen von
den verschiedenen möglichen Stellungen in den erwähnten beiden
Columnen ab.

Encke consultirte mich neulich über die Zeichen der Hygiea
und Parthenope. Hygiea hat, glaube ich, den Schlangenstab
des Aesculaps mit einem Sterne, Parthenope's Zeichen kenne
ich gar nicht. Hind hat für seine Victoria dies Zeichen

das einen Lorbeerzweig vorstellen soll. Wenn noch mehrere
von dieser Planetenfamilie entdeckt werden, so möchte es am
Ende schwer halten, neue geeignete Zeichen aufzufinden, auch

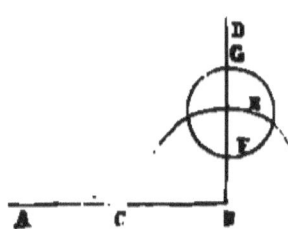

kann man doch eigentlich nicht von einem Atronomen verlangen, dass er Blumen- und Figurenzeichner seyn soll.

Ich glaube es wäre weit bequemer, alle mit einem Kreise, der die Ordnungszahl ihrer Endeckung enthält, zu bezeichnen:

Ceres mit $①$ u. s. w.

Victoria mit $⑫$

Man kommt dann nie in Verlegenheit. Es mögen so viele, wie man will, entdeckt werden, das Zeichen ist im voraus bestimmt. Alle diese Zeichen sind leicht zu schreiben, und sehen im Drucke gut aus, auch zeigt der letzte immer wie viele von der Brut da sind. Ich würde, wenn ich nicht einen grossen Abscheu vor allen nicht absolut nothwendigen Neuerungen hätte, den Vorschlag in den A. N. machen.

Darf ich Ihnen noch einen Scherz anführen? Ich habe diesen Sommer mitunter meinem Sohne sehr unbedeutende Probleme gegeben, die unter einem ableitenden Enoncé versteckt waren. So brachte ich $9 + 16 = 25$ auf Berührung von Kreisen.

Man bisecire die Linie A B in C. Errichte in B das Perpendikel B D. Beschreibe aus B mit dem Halbmesser B C einen Kreis, der B D in E schneidet. Bisecire B E in F. Beschreibe aus E mit dem Halbmesser E F einen Kreis der B D in G schneidet.

Es soll bewiesen werden, dass ein Kreis aus G mit dem Halbmesser G E beschrieben, und ein Kreis aus A mit dem Halbmesser A B beschrieben, sich berühren müssen. Ich hatte das Vergnügen, dass auch Petersen und Sonntag nicht auf die Idee kamen, die Linie von A nach G zu ziehen.

Ihr ewig dankbarer

H. C. Schumacher.

Altona, 1850. September 24.

N. S. Ich habe aus England 7 stellige Antilogarithmen von einem Herrn Filipowski erhalten, die ganz wie die gewöhn-

lichen Tafeln eingerichtet sind, nur dass das Argument von den
5 ersten Ziffern der Mantisse des Logarithmen gebildet wird,
und die Proportionaltheile unmittelbar von 0,01 bis 0,99 genommen werden. Ist die Ziffer in der 7ten Stelle eine 5, die
wegen der in den folgenden Stellen befindlichen Zahlen, gewöhnlich als 6 gerechnet wird, so druckt er nicht 5, sondern V.
Der mir ganz unbekannte Verfasser zeichnet sich Herschell-
Filipowski.

N? 1312.   Gauss an Schumacher.   [552

Da Sie, mein theuerster Freund, an der Aufgabe, die
Königinnen auf dem Schachfelde unterzubringen, ein Interesse
zu nehmen scheinen, so will ich noch einiges darüber hinzufügen.

Ich hatte in meinem letzten Briefe bemerkt, dass von meinen
76 Auflösungen 4 zu streichen seien, weil ich eine unrichtige
symmetrische mit aufgenommen hatte. Ich liess es damals un-
entschieden, ob eine symmetrische möglich sei: bald nachher
gelang es mir aber doch, eine richtige symmetrische zu finden:
es ist untenstehendes N: 1:

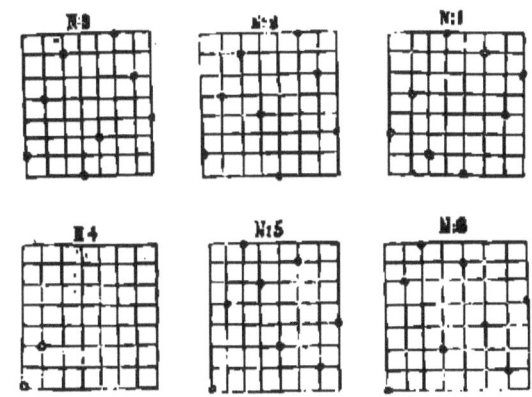

Das was Sie über eine Vorausbestimmung der Gesammtzahl
der Auflösungen unter den beiden Voraussetzungen

1) dass es, wenn zwei Königinnen in der ersten und zweiten
Verticalreihen auf zulässige Art placirt sind, immer
eine, und
2) nur Eine Art gebe, die übrigen 6 zu placiren,

sagen, nemlich da diese Stellungen in den beiden ersten Reihen
auf 42 Arten geschehen können, oder wenn man jedesmahl das
Spiegelbild ausschliesst, auf 21 Arten, dass es dann $8 \times 21 = 168$
Auflösungen geben müsse, kann ich nicht gelten lassen, sondern
es würden, falls jene 2 Voraussetzungen richtig wären, mit
jenen 42 Arten alle Auflösungen erschöpft sein.
    Beide Voraussetzungen treffen aber nicht zu. Die erste.
nicht, da es Anfangsstellungen gibt, wie in № 4, deren Vervoll-
ständigung unmöglich ist. Es wäre übrigens Irrig zu glauben,
die Königin dürfe auf keinem Eckfelde stehen; die № 5 beweiset
das Gegentheil, ebenso № 6. Die zweite nicht. Denn es gibt bestimmte Besetzungen der beiden ersten Verticalreihen, welche
mehrere Ergänzungen der übrigen zulassen. Ein merkwürdiges
Beispiel enthalten die Auflösungen 2 und 3, wo nich bloss die
beiden ersten Verticalreihen, sondern zugleich die 3te, 6te und
7te auf gleiche Weise besetzt sind. Ich könnte noch ein
zweites ganz ähnliches Beispiel hinzufügen.
    Das Merkwürdigste aber, was ich noch zu berichten habe,
ist, dass der Aussteller der Aufgabe (ein gewisser Dr. Nauk
irgendwo in Thüringen) in № 877 der illustrirten Zeitung vom
21. September selbst seine früher gegebene Zahl 60 widerrufen
und sie auf 92 gesetzt hat, die er auch alle hat abdrucken
lassen. Es gibt nemlich 11 nicht symmetrische (à 8 Variat.)
und Eine symmetrische (à 4 Variat.) Ich schreibe Ihnen die
12 wesentlich verschiedenen hier her. Sie bemerken leicht, dass
die Zahlen bloss die Numerirung der Horizontalreihen sind, in
welche die Königin in den auf einander folgenden Verticalreihen
zu placiren ist:

(1) 15863724 ist obiges № 5.   Herr Nauk behauptet nun,
(2) 16837425 ist obiges № 6.   dass es ausser den 92 (wovon
(3) 24683175   diese 12 der Kern sind) weiter

(4) 25713864	Ist obiges № 8.
(5) 25741863	ist obiges № 2.
(6) 26174835	
(7) 26831475	
(8) 27368514	
(9) 27581463	
(10) 3.5281746	ist obiges № 1.
(11) 35841726	
(12) 36258174	

keine gebe, da er aber nicht
angiebt auf welche Weise
er sich die Gewissheit verschafft
hat, so kann man, da er früher
irrig 60 angab, wol einstweilen
noch zweifeln. Schwer ist es
übrigens nicht, durch ein me-
thodisches Tatonniren sich
diese Gewissheit zu verschaffen,
wenn man 1 oder ein Paar Stunden daran wenden will. Auf
einem präparirten Quadratnetz (am besten wohl, wenn man auf
einer Schiefertafel die Linien etwas tief einritzt, und die
◯ Zeichen mit Stift, also leicht auszulöschen, einschreibt) kann
man die erforderlichen Versuche leicht durchmachen. Ohne
Tafel können auch die blossen Zahlen dazu dienen, woneben
ich folgendes bemerke.

Die Aufgabe lässt sich so aussprechen. Man soll die acht
Zahlen 1.2.3.4.5.6.7.8 in eine solche Ordnungen bringen, dass

1) wenn man der geordneten Reihe nach sie resp. um
1.2.3.4.5.6.7.8 vergrössert, lauter ungleiche Summen
hervorgehen;
2) dass auch, wenn man der Reihe nach 8.7.6.5.4.8.2.1
addirt, lauter ungleiche Summen erscheinen.

Es sind z. B. diese Summen bei Auflösung 1:
2.7.11.10.8.13.9.12 od. geord. 2.7.8.9.10.11.12.13
alle ungleich; und 9.12.14.11.7.10.4.5 oder geordnet
4.5.7.9.10.11.12.14, alle ungleich.

Das Tatonuiren ist nun sehr leicht. z. B. Ich versuche
den Anfang

1.3 ....

zu completiren. Vermöge jener zwei Bedingungen wird in der
dritten Reihe nicht 2 und nicht 4 stehen dürfen, also nur 5.6.7
oder 8. Es müssen also die Anfänge

1.3.5	durchprobirt werden. Ich fange
1.3.6	an mit .1.3.5. Vermöge jener
1.3.7	Bedingungen darf am 4ten Platz
· 1.3.8	nicht 4 und nicht 6 stehen. Es

bleiben also bloss übrig 2.7.8 oder es sind durchzuprobiren
die Anfänge:

1.3.5.2 ⎫ Ich fange wieder an mit 1.3.5.2, wo
1.3.5.7 ⎬ in Folge jener Bedingungen am 5. Platz
1.3.5.8 ⎭ nicht stehen dürfen 6 und 7,

Es bleiben also bloss die Anfänge:

1.3.5.2.6 ⎫ Die Berücksichtigung obiger Bedin-
und 1.3.5.2.8 ⎭ gungen ergibt, dass bei dem Anfange
1.3.5.2.6 auf dem 6. Platz 4.7.8 nicht stehen dürfen. Es
fällt also dieser Anfang weg. Eben so darf auch für Anfang
1.3.5.2.8 auf dem 6. Platz weder 4 noch 6 noch 7 stehen. Es
fällt also auch dieser Anfang weg. Der Anfang 1.3.5.2 ist
also überhaupt unzulässig. Eben so verfährt man mit 1.3.5.7
und 1.3.5.8, die beide sich als unzulässig ausweisen. Es ist
folglich überhaupt der Anfang 1.3.5 unzulässig und man wird
ebenso 1.3.6, 1.3.7, 1.3.8 durchprobiren.   ,

Auf einem schicklich präparirten Quadratnetz gehen die
Tatonnements schneller. Sobald ein Platz besetzt wird, etwa
mit einem ⊕ fallen schon von allen übrigen 63 Plätzen viele
aus, die durch ein Zeichen ◯ als cassirt betrachtet werden.
Besetzt man von den übrigen einen zweiten, so fallen wieder
eine grosse Menge aus, und man gelangt bald dahin entweder
alle Plätze theils mit ⊕ theils mit ◯ besetzt zu finden, oder
zu einer wahren Auflösung zu gelangen.

Es liesse sich leicht über diese Gegenstände noch 1 oder
ein Paar Bogen vollschreiben, aber man muss aufzuhören wissen.
Am elegantesten ist es, die Sachen so einzukleiden, dass sie
den complexen Zahlen angehören. Es heisst dann, man
soll 8 verschiedene complexe Zahlen finden a + bi, so dass

1) sowohl a als b eine der 8 reellen positiven Zahlen
   1.2.3.4.5.6.7.8 bedeutet,
2) dass jeder Werth von a nur Einmahl vorkommt, und
   ebenso jeder Werth von b,
3) dass die Werthe, welche a + b bei jeder jener complexen Zahlen erhielt, ungleich sind,

4) dass ebenso die acht Werthe von a — b ungleich sind.

Es lässt sich dann der Zusammenhang der 8 zusammenge-
hörigen Auflösungen zierlich so vorstellen:

Spiegelbilder.

durch Stellung
auf die 4 Quadrat-
seiten.

$$
\begin{array}{ll}
a + \quad b\,i & a + (9-b)\,i \\
b + (9-a)\,i & b + \quad a\,i \\
9 - a + (9-b)\,i & 9 - a + \quad b\,i \\
9 - b + \quad a\,i & 9 - b + (9-a)\,i
\end{array}
$$

Noch eleganter ist, wenn man für a und b nicht die reellen
positiven, sondern die ungeraden positiven und negativen — 7,
— 5, — 3, — 1, + 1, + 3, + 5, + 7 wählt, in diesem Fall sind
die 8 Variationen.

$$
\begin{array}{l|l}
a + bi & a - bi \\
b - ai & b + ai \\
-a - bi & -a + bi \\
-b + ai & -b - ai
\end{array}
$$

Man kann auch sagen, ist Eine der complexen Zahlen n,
ihre Adjuncte n', so sind alle 8 Variationen

$$
\begin{array}{ll}
n & n' \\
in & in' \\
-n & -n' \\
-in & -iu'
\end{array}
$$

Vergl. Theoria Residuorum Biqua-
daticorum. Comm. secunda art 31, der
vollkommen verständlich ist, auch wenn
man nicht das geringste von biquadra-
tischen Resten weiss.

Ich habe noch zu erinnern, dass die specielle Aufgabe, wo
B 4, D 5 besetzt werden sollen, zwei Auflösungen zulässt, die
aus № 5 und 11 folgen (von denen man nur die Spiegelbilder
zu nehmen braucht), die erstere war die, die ich übersehen hatte.
Den Planeten habe ich des stets ungünstigen Himmels wegen
noch nicht aufsuchen können. Ich fürchte, dass nach so langer
Zwischenzeit das Finden nicht ganz leicht sein wird. Das Zeichen
gefällt mir nicht, es ist zu künstlich. Passender scheint mir
eine Siegesfahne ⚔ oder ⚓ . Die seefahrenden Nationen
pflegen ja auch, wenn sie ein neuentdecktes Land in Besitz
nehmen, eine Flagge aufzupflanzen. Ihre Nummer in einem Kreise

gefällt mir dagegen sehr gut. Ich kenne dasselbe aus unserm Staatskalender, wo u. a. Prof. Ulrich so ein Zeichen hat (1813).

Fürs erste ist wohl eine Zweideutigkeit, ob ein Planet oder ein Mann, der 1813 die Waffen ergriffen hat, gemeint sei, nicht zu fürchten. Auch bei andern Objecten ist es nicht ungewöhnlich, anstatt eines Namens bloss eine Zahl zu setzen, Droschken-führer, Polizeimänner, Züchtlinge, auch Fremde nach der Nummer des Zimmers, wo sie im Gasthofe logiren.

Stets der Ihrige

C. F. Gauss.

Göttingen, den 27. September 1850.

No 1313. **Gauss an Schumacher.** [353

Vorige Nacht, mein theuerster Freund, glaube ich die Vic-toria beobachtet zu haben; Gewissheit werde ich freilich erst, entweder bei einem wiederholten Nachsehen, oder bei Empfang auswärtiger Beobachtungen, erhalten. Zu jenem ist für heute keine Hoffnung.

Die Beobachtung, vorerst flüchtig reducirt, gibt

1850, Sept. 30, $10^h 54' 19''$,8 AR $352°52' 44''$,8 Abw. $11°16' 52''$,2

Schärfere Reduction behalte ich mir vor, wenn sich be-stätigt, dass es der neue Planet gewesen ist.

Stets der Ihrige

C. F. Gauss.

Göttingen, October 1. 1850.

No 1314. **Schumacher an Gauss.** [761

Sie haben unstreitig, mein theuerster Freund, Victoria beob-achtet. Petersen hat an demselben Tage eine Meridianbeobachtung des Planeten erhalten, die er wegen des ungewöhnlich günstigen atmosphärischen Zustandes für sehr gelungen hält

Sept. 30, $10^h 54' 19'',7$ $352^°52'88'',8$ $+11^°16'43'',4$

Georg Rümcker hat aus 18., 20., 26. September folgende Bahn berechnet

M . . . . $86^°$ $25'$ $54'',0$ Sept. 13. M. Zt. Greenwich
π . . . . 801 48 2 }
☊ . . . . - 284 30 45 } m. Aeq. Sept. 13
i 8 35 81
φ 12 7 9
log a 0,870445
μ . . . . 987'',048
Umlauf 1318 Tage.

Von Rümcker erhalte ich in diesem Augenblicke die Nachricht, dass er für seinen Catalog einen Stern, wie er glaubte, zweimal (nämlich Aug. 19 und Aug. 25) beobachtet, aber nicht gleich reducirt habe. Die Reduction giebt nun

scheinbarer Ort

Aug. 19. 21^h $8'$ $36'',00$ $-18^°48'47'',5$
„ 25. — — 23, 21 — — 20, 2

In der gestrigen Nacht hat er am Himmel nachgesehen, um zu erfahren, bei welcher Beobachtung Versehen vorgefallen sei, und weder den Stern von Aug. 19, noch den Stern von Aug. 23 gefunden. Es ist also wahrscheinlich ein neuer Planet gewesen, der wegen der geringen Bewegung, doch noch vielleicht aufzufinden ist. Von den 11 neuen Planeten kann es, nach Encke's Jahrbuch für 1850 und 1852 keiner seyn.

Freilich giebt es noch eine andere Erklärung, nämlich die, dass beide Beobachtungen unrichtig sind, indessen, obgleich Rümcker oft Uebereilungen macht, darf man dies doppelte Versehen, doch wohl nicht annehmen.

Meinen herzlichen Dank für Ihre Mittheilungen über das Schachproblem. Ich bewundere Sie, selbst wenn Sie solche Probleme vornehmen. Die willkührliche Versetzung der Zahlen 1—8 drückt die Bedingung schon aus, dass keine Dame die andere als Thurm angreife. Die Addition mit 1, 2, 3 8,

dass keine Dame die andere in absteigender Linie als Läufer
augreife, die Addition 8, 7, 6....2, 1, dass dies nicht in aufsteigender Linie geschehe, wenn nämlich bei neuer Addition
gleiche Summen vorkommen. Kommen gleiche Summen vor, so
weiss man unmittelbar, welche Damen sich als Läufer angreifen.
Die daraus hergeleitete Vorschrift alle Auflösungen zu finden, ist eben so sinnreich als einfach. Für die A Columne
braucht man nur A1, A2, A3, A4 zu prüfen.

Ihr ewig dankbarer

H. C. Schumacher.

1850. October 5.

N. S. Bei dem Schlusse erhalte ich ein zweites Billet von
Rümcker. Er habe vergessen zu bemerken, dass die Sterne im
Jahre 1849 beobachtet seien. Ich will, rebus sic stantibus,
Niemanden die Aufsuchung zumuthen.

No 1313. **Schumacher an Gauss.** [762

Nachdem ich einen zierlichen Artikel für die Astronomischen
Nachrichten über Rümcker's Sterne geschrieben, und Petersen
eine rohe Kreisbahn zur Hülfe bei dem Aufsuchen berechnet
hatte (sie giebt etwa vierfachen Abstand des Neptuns — 109),
erhalte ich das beifolgende Billet von Rümcker. Meine erste
Annahme, dass Alles unrichtig sei, war also doch richtig, und
ich will in der Folge keine Rümcker'sche Nachricht im geringsten beachten bis Petersen sie bestätigt hat.

Ihr ewig dankbarer

H. C. Schumacher.

October 7.

Die Victoria, mein theuerster Freund, habe ich am 12. wieder im Meridian beobachtet, die Beobachtung lässt sich aber nur unvollkommen reduciren, da erst heute möglich geworden ist, Zeitbestimmung zu erhalten, womit 3½ rückwärts zu rechnen, zu unsicher ist.. Ich theile sie jedoch wie sie ist Ihnen hier mit:

1850 Oct. 12, 10ʰ0′49″7 M.Z.　AR$\stackrel{\frown}{\text{o}}$ 351° 17′89″6 Decl.$\stackrel{\frown}{\text{o}}$ 9° 5′24″1

Auch bei der Declination ist einige Ungewissheit, da ich zur Bestimmung des Null-Punkts Sternzenithdistanzen verwandt habe, die erst heute beobachtet sind, und etwa 4″ von dem Resultat der Nadirbestimmung am 13. Oct. abweichen. Eine ähnliche Abweichung hatte sich auch schon früher, d. i. in den letzten Wochen, gezeigt, während früher dergleichen nie vorkam, sondern die Declinationen der Bessel'schen Sterne aus meinen selbstständigen Bestimmungen durch den Nadirpunkt meistens sehr nahe zutrafen. Ich werde durch besondere Untersuchungen der Ursache jenes Phänomen auf die Spur zu kommen suchen und ersuche Sie daher, jene Beobachtung noch nicht zu drucken. Die Nadirbestimmungen sind übrigens mit Hülfe des Mikroskops gemacht, wobei eine kleine Parallaxe des Bildes der Fäden (wenn nämlich die Fäden nicht vollkommen im Brennpunkte stehen, also ihr Bild aus ʘ Horizont nicht genau in ihre Ebene fällt) viel nachtheiliger wirkt, als wenn man ohne Mikroskop beobachtet.

Hiebei der Rümker'sche Brief mit um so grössern Dank zurück, da sein Empfang mir die unnütze Mühe einer Kreisbahnberechnung ersparte, die ich oben zu unternehmen im Begriff war. Goldschmidt hatte auch gleich nach meiner Beobachtung

vom 30. September eine elliptische Bahn der $\stackrel{\frown}{\text{o}}$ berechnet, wobei aber unglücklicherweise sein Sonnenort etwas unrichtig angenommen war. Er behält sich daher vor sobald eine neuere Beobachtung gewommen ist (d. i. später als meiner letzte) eine neue Bahn zu berechnen. Uebrigens wich jene doch nur 28″ in AR und 44″ in Decl. am 12. October ab.

Stets der Ihrige

C. F. Gauss.

Göttingen, 16. October 1850.

No 1317.   Schumacher an Gauss.   [768

Von Lindenau, mein theuerster Freund, habe ich einen ziemlich langen Brief erhalten, worin er die von Foucault beobachtete Verschiedenheit der Licht-Geschwindigkeiten in Luft und Wasser nicht durch ein Princip (er meint Emlssion, oder Undulation), sondern durch eine Eigenthümlichkeit des Sehens zu erklären sucht. Er glaubt Arago habe Unrecht, dass nach dem Emissionsprincipe die Geschwindigkeit im Wasser grösser als, in der Luft, nach dem letzteren geringer seyn müsse. Am Ende bittet er diese Mittheilung, nur als eine vertraulich mir gemachte zur Bekanntmachung vorerst nicht geeignete zu betrachten.

„Wollen Sie jedoch die Herren Gauss und Weber davon in Kenntniss setzen, so habe ich dagegen nichts zu erinnern" (sic!).

Ehe ich, den in diesem Zusatze ausgesprochenen Wink befolge, möchte ich aber gerne wissen, ob die Herren G. & W. auch nichts dagegen zu erinnern hätten? Ich muss doch erst wissen, ob die Ihnen zugestandene Auszeichnung auch für Sie Interesse hat. Beneficia nemini obtruduntur.

Rümcker's Geschichte ist noch nicht ganz zu Ende. Sie wissen, dass er mir zuletzt schrieb, seine Sterne von 1849 seien doch am Himmel. Ich bat Petersen nachzusehen, und er fand, dass die in 1849 von Rümcker angegebenen Positionen auf keinen Stern den er erblicken konnte passen. Es sind allerdings zwei Sterne da, die sehr wahrscheinlich die von Rümcker im vorigen Jahre beobachteten sind, man muss dann aber annehmen, dass die Positionen von 1849 mit Fehlern, die nicht ganz unbedeutend ausfallen, behaftet sind.

Ihr ewig dankbarer

H. C. Schumacher.

1850, October 16.

No 1317.   Schumacher an Gauss.   [764

Vielen Dank, mein theuerster Freund, für Ihre Mittheilungen. Aus der Nummer in der Correctur kann ich Ihnen noch folgende Meridianbeobachtung von Argelander mittheilen, bei denen er bemerkt, dass er Bessel's Fundamental-Catalog nicht gebraucht habe. Die von ihm gebrauchten Declinationen (seine eigenen) sind 1",4 grösser als die in Bessel's Fundamental-Catalog enthaltenen.

	Bonn. M. Zt.	AR	Decl.
Sept. 27	11ʰ 8' 11",6	353°24' 0",2	+ 11°49' 37",7
„ 30	10 54 18, 6	352 52 35, 7	11 16 44; 6
Octb. 2	— 49 9, 0	352 33 5, 0	10 54 35, 8
„ 6	— 27 6, 1	351 58 10, 1	10 10 14, 1
„ 7	— 22 39, 3	351 50 25, 3	9 59 12, 2

Galle hat am Berliner M.-K. beobachtet

	Berlin. m. Zt.		
Sept. 20	11 41 9, 6	354 45 17, 2	+ 13 2 49, 6
„ 21	11 36 25, 5	354 33 11, 6	12 52 50, 8
„ 27	11 8 15, 1	353 24 14, 1	11 43 46, 1
„ 30	10 54 21, 8	352 52 46, 4	11 16 53, 4
Octb. 12	9 58 52, 4	351 17 50, 7	9 5 24, 9

Sie werden mit diesem Briefe zugleich die Ihnen fehlende N. 734, und die noch herausgekommenen 736, 737 unter Kreuzband erhalten. Das Porto ist jetzt so herabgesetzt, dass ich um die Erlaubniss bitte, Ihnen künftig Alles so schicken zu dürfen.

Dr. Götze hat in Ursin's Darstellung Ihrer Methode folgendes bemerkt:

a) in den Formeln p. 3 I, II, III, muss, wenn man die Bezeichnung p. 2 beibehält I — L geschrieben, oder was einerlei ist, bei den beiden letzten das negative Zeichen vorgesetzt werden.

b) p. 9 Ursin hat $\sin(\varphi \pm M) = \dfrac{\eta \cdot \cos M}{(\pi - p) \cdot \cos d}$ es ist einfacher

$= \dfrac{q \cdot \cos f}{\pi - p}$.

c) p. 17 Ursin hat $\sin(\varphi \pm M) = \dfrac{(\eta \cdot \cos f \pm D) \cdot \cos M}{(\pi - p) \cdot \cos f \cdot \cos d}$ und

hat übersehen, dass $\dfrac{\cos M}{\cos f \cdot \cos d} = 1$.

Elbing, Frauenburg und Braunsberg sind übrigens in Preussen die Orte, an denen bei der totalen Sonnenfinsterniss im nächsten Jahre die längste mora ist. Da ich die Erscheinungen in 1842 gesehen habe, möchte ich gerne die im nächsten Jahre wiedersehen und mit den früheren vergleichen, umsomehr, da Niemand sie so gut wie ich gesehen hat (ich hatte ein vortreffliches Fernrohr von Fraunhofer mit 6 Zoll Oeffnung und die Wiener Sternwarte ganz allein), aber es finden sich jetzt unübersteigliche Hindernisse.

Ihr ewig dankbarer

H. C. Schumacher.

1850. November 2.

No 1319.　　　**Schumacher an Gauss.**　　　[765

Parish's jüngster Sohn, der in Göttingen studirt, wird Ihnen, mein theuerster Freund, ein Buch aus England und meine Dissertation überbringen und wünscht, wenn es Ihnen sonst keine Beschwerde macht, gerne ein Privatissimum über irgend einen mathematischen Gegenstand bei Ihnen zu hören. Der Vater hat mich gebeten durch mein Fürwort diesen Wunsch zu unterstützen, was ich sehr gerne thue.

Ihr ewig dankbarer

H. C. Schumacher.

1850. November 4.